novum pro

AF172417

Leonore Schagen

FINDE DEINEN WEG

Durch Fragen, auf die nur Du
die Antworten kennst

novum pro

Bibliografische Information
der Deutschen Nationalbibliothek:

Die Deutsche Nationalbibliothek verzeichnet diese Publikation in der Deutschen Nationalbibliografie. Detaillierte bibliografische Daten sind im Internet über http://www.d-nb.de abrufbar.

Alle Rechte der Verbreitung, auch durch Film, Funk und Fernsehen, fotomechanische Wiedergabe, Tonträger, elektronische Datenträger und auszugsweisen Nachdruck, sind vorbehalten.

Gedruckt in der Europäischen Union auf umweltfreundlichem, chlor- und säurefrei gebleichtem Papier.

© 2025 novum publishing gmbh
Rathausgasse 73, A-7311 Neckenmarkt
office@novumverlag.com

ISBN 978-3-7116-0329-6
Lektorat: Ilana Baden
Umschlagabbildung:
Ka Ha | Dreamstime.com
Umschlaggestaltung, Layout & Satz:
novum Verlag
Autorenfoto: Olga Ihle,
Verity Vian Photography & Make Up Art

www.novumverlag.com

Für
alle meine Schülerinnen und Schüler.
*Ihr wart die Inspiration für dieses Buch
und ich hoffe, dass es Euch eine Stütze ist.*

–

Für
meine Kinder Robert und Luise.
*Ihr seid wunderbar und ich hoffe,
dass Ihr Euren Weg finden werdet.*

Inhaltsverzeichnis

Einleitung 9
Deine Antworten bringen Dich ans Ziel 12

Teil I: Lerne Dich selbst kennen und einschätzen
1. Einführung 17
2. Wo liegt Dein Potenzial? 18
3. Analysiere Deine momentane Situation 34
4. Was sind Deine Stärken und Schwächen? 61
5. Was ist für Dich Lebensqualität? 74
6. Wo möchtest Du gerne stehen? 89
7. Zu wem willst Du gehören? 104
8. Was ist für Dich Erfolg? 130
9. Resümee 134

Teil II: Gestalte Deine Zukunft
1. Einführung 137

Kläre Deine Werte und Regeln
2. Welche Werte sind Dir wichtig? 138
3. Untersuche die Regeln, nach denen Du lebst ... 145
4. Finde die Regeln, die Dich glücklich machen .. 156

Setze Dir Ziele
5. Wir alle haben Träume 162
6. Triff die richtigen Entscheidungen 171
7. Finde Deine Ziele 180
8. Deine Ziele zeigen Dir Deinen Weg 186
9. Du brauchst einen Plan – vor allem
   für schwierige Situationen 198
10. Verlasse Deine Komfortzone
    und verwirkliche Deine Träume! 206

Bleib auf Deinem Weg
11. Lerne aus Deinen Fehlern 211
12. Nutze Deine Stärken 222
13. Dein ganz persönlicher Platz im Leben 237
14. Eine Niederlage ist eine Chance 251
15. Gehe Deine Probleme an 261
16. Resümee 271

Teil III: Gestalte Deine finanzielle Zukunft
1. Einführung 275
2. Deine Beziehung zu Geld 276
3. Über Geld reden 278
4. Dein innerer Reichtum 284
5. Geld und Gefühle 286
6. Legen wir los! 288
7. Selbstdisziplin 291
8. Vermögenswerte und Verbindlichkeiten 293
9. Regeln, um das Geld zusammenzuhalten 295
10. Finanziellen Problemen vorbeugen 299
11. Kümmere Dich um Deine Finanzen 301
12. Luxusanschaffungen 305
13. Mit Misserfolgen umgehen 307
14. Zeit als Ressource 310
15. Mit Durchhaltevermögen ans Ziel 313
16. Zusammenfassung 316
17. Resümee 317
18. Einen Haushaltsplan erstellen 318

Epilog 330
Danksagung 331
Literaturhinweise 332

Einleitung

Hallo, liebe Leserin, lieber Leser, herzlich Willkommen! Wer auch immer Du bist, welche großen und kleinen Erfolge Du in Deinem Leben bereits erzielt hast und mit welchen Herausforderungen Du Dich momentan auseinandersetzen musst – wahrscheinlich bist Du auf der Suche danach, wie es in Deinem Leben weitergehen soll, und Du hast den Wunsch nach Ergebnissen.[1]

Mit diesem Buch möchte ich Dich auf Deinem weiteren Lebensweg ein Stück begleiten. Es ist wichtig, dass Du weißt, wo Du einmal hinmöchtest, wie Du Dir Dein zukünftiges Leben vorstellst und welche Werte und Ziele Du anstrebst, denn:

> „Nur wer sein Ziel kennt, findet auch den Weg."
> (Laotse, chinesischer Philosoph, 6. Jh. v. Chr.)

Dieses Buch ist aus dem Wunsch entstanden, Dir ein Werkzeug an die Hand zu geben, das Dir bei Deiner Lebensplanung hilft. Seit über 20 Jahren bin ich Lehrerin. In dieser Zeit habe ich mit vielen Schülerinnen und Schülern über ihre Zukunftsplanung gesprochen und bei sehr vielen feststellen müssen, dass sie noch gar nicht wissen, was sie nach ihrem Abschluss eigentlich machen wollen. Dies hat mich oft sehr nachdenklich und auch ein wenig traurig gestimmt, da ich überzeugt war und bin, dass so einmalige und wunderbare Menschen, in denen so viel steckt, ein tolles Leben vor sich haben sollten, auf das sie sich freuen und auf das sie neugierig sind. Alle Menschen sollten die Möglichkeit haben, das Leben zu führen, das ihnen Kraft, Freude und Zufriedenheit gibt. Ein Leben, das wirklich zu ihnen passt,

---

[1] Vgl.: T. Robbins: Wie aus kleinen Veränderungen große Unterschiede werden, FBV, 2017, S.5

das sie selbst planen und nicht ein Leben, dem sie ausgeliefert sind – einfach ihr ganz persönliches Leben.

In den letzten zwei Jahren habe ich selbst viele Bücher über das Thema Zukunftsplanung gelesen. Vieles daraus hat mich zu diesem Buch inspiriert. Mein Anliegen ist es nun, all das, was ich selbst gelernt habe, anhand der vielen Fragen in diesem Buch an Dich weiterzugeben. Die von mir gelesenen Bücher stehen am Ende dieses Buches im Literaturverzeichnis.

In den letzten Jahren bist Du zu einem einmaligen Menschen herangewachsen, der bereits viel gelernt und auch einiges erlebt hat. Du bist einzigartig und unendlich kostbar für Deine Mitmenschen, Dein Umfeld, die Gesellschaft, und vor allem solltest Du es für Dich sein!

Vielleicht weißt Du noch nicht, wohin die Reise Deines Lebens führen soll. Damit Du wirklich Dein ganz persönliches Leben führen kannst, gilt es, Deine Träume, Wünsche und Hoffnungen zu erkennen und einen Weg zu finden, sie wahr werden zu lassen. Zunächst musst Du aber wissen, wer Du selbst bist, um Deine Ziele klar benennen zu können. In diesem Prozess ist es sehr hilfreich, Dich immer wieder mit Deiner Familie, Deinen Freundinnen und Freunden oder anderen Dir wichtigen Personen über Deine Gedanken auszutauschen. Sie können sehr oft aufgrund ihrer anderen Perspektiven eine große Hilfe sein und gute Ratschläge geben.

Dieses Buch ist nicht nur ein Lesebuch, sondern vor allem ein Buch mit vielen Aufgaben, die Dich zu Deinen Träumen und Zielen führen sollen. Es wird Dir in kleinen Schritten zeigen, wie Du Deine Träume klar definierst, wie Du Deine Werte findest und was Du als nächsten Schritt tun musst, um diese zu verwirklichen. Durch Fragen kommen wir in unserem Leben weiter, denn dann beschäftigen wir uns mit Antworten und Lösungen. Die Fragen in diesem Buch sollen Dir helfen, Deinen ganz individuellen Weg zu finden.[2]

---

2 Vgl.: ebd., S.101 ff.

Das Wichtigste ist, dass Dir die Beschäftigung mit Deiner Zukunft Spaß macht! Du solltest neugierig darauf sein zu wissen, wo Du einmal hinmöchtest, wie Du Dir Dein Leben vorstellst in 5, 10 oder 20 Jahren und welche Werte und Ziele Du anstrebst.

In den letzten Jahren hast Du vielleicht lange in der Schule oder Universität gesessen, eine Ausbildung gemacht und viel gelernt oder in einem Beruf gearbeitet, der Dich jetzt aber nicht mehr erfüllt. Manchmal hast Du vielleicht Dinge gelernt, bei denen Du Dich gefragt hast, wofür Du sie wissen musst. Nun gilt es, Dir die Fragen zu stellen, durch deren Antworten Du wissen wirst, wo Dich Dein Leben hinführen soll, und die Dich dazu bringen werden, Deine Träume wahr werden zu lassen. Hier geht es nicht darum, was andere über Dich und Deine Wünsche, Träume und Meinungen denken, sondern allein um Deine ganz persönlichen Ansichten. Sei bei der Beantwortung ehrlich Dir selbst gegenüber, ansonsten werden Dich die Antworten und damit das Buch nicht weiterbringen oder Dir sogar den falschen Weg zeigen. Nur der für Dich richtige Weg wird Dich zu Erfolg und Zufriedenheit führen.

Am Anfang fast jeden Abschnitts steht ein Spruch oder Zitat, das zum Nachdenken anregen soll. Es sind Sprüche von berühmten Persönlichkeiten aus der Antike bis heute und auch welche von weniger bekannten Menschen. Es sind unter anderem Philosophen, Mathematiker, Motivationstrainer und Dichter dabei (Die männliche Form beinhaltet hier auch alle anderen Formen). Sie bringen durch ihre Aussagen vieles mit wenigen Worten auf den Punkt.

Ich wünsche Dir von Herzen alles Gute!

Deine Antworten bringen Dich ans Ziel

„Wer fragt, ist ein Narr für eine Minute.
Wer nicht fragt, ist ein Narr sein Leben lang."
(Konfuzius, chinesischer Philosoph, 551-479 v. Chr.)

Auf allen Seiten dieses Buches findest Du Fragen, die Dich dazu anregen, über Dich, Deine Werte, Ziele, Wünsche und Träume nachzudenken. Nimm Dir für jede Frage genügend Zeit und beantworte sie schriftlich. Es ist egal, ob Du an jedem Tag eine, mehrere oder auch mal keine Frage beantwortest. Wichtig ist jedoch, dass Du dranbleibst und Dir genügend Zeit für die Beantwortung nimmst. Vielleicht schaffst Du es, Dir ein Zeitfenster am Tag oder in der Woche einzurichten, in dem Du Dich mit den Fragen und Themen aus diesem Buch auseinandersetzt.

Für jede Frage sind Zeilen zur Beantwortung abgedruckt. Manchmal wird der Platz reichen, aber ab und zu wirst Du viel mehr aufzuschreiben haben oder aufschreiben wollen. Nimm daher ein leeres Heft oder einen Block hinzu, um die Fragen zu beantworten. Wichtig ist, dass Du alles aufschreibst, denn dann kannst Du auch später einmal nachlesen, was Du Dir für Gedanken gemacht hast. Du kannst sie weiterentwickeln oder Du merkst, dass Du Deine Meinung geändert hast.

Es ist nicht das Ziel, alle Punkte in wenigen Tagen oder Wochen abzuarbeiten. Das Ziel ist, dass Du Dich auf den Weg machst, herauszufinden, was Du wirklich willst, wofür Du wirklich brennst und wo Du Dich in einem, 5, 10 oder 20 Jahren siehst. Dieser Prozess braucht Zeit, das heißt Monate, vielleicht sogar länger. Das hängt auch davon ab, welcher Stellenwert das Thema bei Dir hat, wie viel Du Dich mit ihm (zeitlich) auseinandersetzen möchtest. Wichtig ist, dass Du dranbleibst!

Es wird immer wieder Fragen geben, die Du zu einem späteren Zeitpunkt anders beantworten würdest. Das gehört zur persönlichen Entwicklung mit dazu. Vielleicht wirst Du auch Fragen lesen, zu denen Du in dem Moment keine Antwort weißt. Dann geh weiter und komme zu einem anderen Zeitpunkt zu dieser Frage zurück. Manche Fragen müssen in Dir arbeiten, bevor Du eine Antwort auf sie weißt.

Einige Fragen kommen auch mehrfach vor. Das liegt daran, dass sie ein besonders wichtiges Thema behandeln oder dass im Laufe der Bearbeitung des Buches Deine Antworten „mitwachsen", das heißt konkreter werden oder sich auch etwas ändern können.

Und nun wünsche ich Dir viel Freude, Spaß und eine tolle Zeit auf der Entdeckungsreise zu Deiner Zukunft!

Leonore Schagen

Teil I

Lerne Dich selbst kennen und einschätzen

I. Einführung

*„Oft sind es die kleinen Schritte, nicht die großen Sprünge,
die die nachhaltigste Veränderung bewirken."*
(Queen Elisabeth II., ehem. Königin von England, 1926-2022)

Um Dich selbst besser kennenzulernen, musst Du Dir Fragen stellen. Diese sollen Dich dazu anregen, über Dich selbst nachzudenken. Vielleicht entdeckst Du etwas an Dir, über das Du noch nie nachgedacht hast, das aber wichtig für Deinen weiteren Weg ist. Die Fragen zeigen Dir, wer Du bist und wo Du gerade stehst. Sie regen auch dazu an, darüber nachzudenken, wer Du gerne sein möchtest und was Dir dazu noch fehlt. Ebenso zeigen Dir die Antworten, wo noch Entwicklungspotenzial liegt.

Sei vor allem ehrlich! Nur dann werden Dich die Fragen weiterbringen. Es gibt bei den Fragen kein „Richtig" oder „Falsch", weil nur Du diese Fragen beantworten kannst. Nimm Dir für die Beantwortung genügend Zeit. Du musst nicht alle Fragen an einem Tag beantworten, wichtig ist, dass Du den Fragenkatalog vollständig beantwortest. Die Antworten sind die Grundlage für alle weiteren Teile im Buch. Nur wenn Du weißt, wer Du bist, wo Deine Stärken und Schwächen liegen und welche Eigenschaften Du mitbringst, kannst Du weiter nach Deinen Werten und Regeln fragen, nach denen Du leben willst. Und dann findest Du auch Deinen ganz persönlichen Weg, der Dich zu Deinem Ziel bzw. zu dem Leben führt, das Du Dir wünschst.

2. Wo liegt Dein Potenzial?[3]

*„Wenn du deine Möglichkeiten nicht kennst,
kennst du auch nicht deine Stärken."*
(Monika Kühn-Georg, dt. Schriftstellerin, *1942)

Nur wer das eigene Potenzial kennt und erkennt, weiß auch, wo der persönliche Weg hinführen kann. In Dir liegen viele Möglichkeiten, wie Du Dein Leben gestalten kannst. Wenn Du Dich mit Deinen Schwächen beschäftigst, werden automatisch unangenehme Gefühle wie Unzufriedenheit oder Scham in Dir geweckt und Du opferst Deine Energie Deinen Problemen.

Wenn Du Dich aber auf Deine Stärken fokussierst und Dich darauf konzentrierst, sie weiter auszubauen, richtest Du Deine Energie auf etwas Positives und fühlst Dich gleich besser. Du solltest Dich mit Deinen Stärken beschäftigen, gerade wenn Du vor einer schwierigen Situation stehst. Das baut Dich innerlich auf und Du gehst dadurch weiter in die Richtung Deines Ziels bzw. Deiner Ziele.

Stell Dir vor, Du musst einen Vortrag halten und konzentrierst Dich nur darauf, dass Du aufgeregt bist und Angst hast, vor anderen zu sprechen. Dadurch wird die Anspannung vor Deinem Auftritt noch größer, als sie eh schon ist. Wenn Du Dich aber darauf konzentrierst, dass Du das Thema Deines Vortrags sehr interessant findest und Du bei anderen das Interesse für dieses Thema wecken willst, steht gleich etwas ganz anderes im Fokus, nämlich Deine Leidenschaft für Dein Thema. Dadurch kannst Du mit einer angenehmen Aufregung in den Vortrag gehen. Ich selbst bin Musiklehrerin und habe daher viele Konzerte gegeben. Früher war meine Aufregung vor Konzerten mit meinem Schulorchester immer sehr groß, bis ich für mich entschied, dass

---

[3] Vgl.: B. Schäfer: Die Gesetze der Gewinner, dtv, 2003, S.35 ff.

nicht ich, sondern die Schülerinnen und Schüler und die Musik im Mittelpunkt des Konzertes stehen. Dadurch wurde meine Aufregung zu einer Vorfreude. Vorfreude darauf zu zeigen, wie gut die Schülerinnen und Schüler im zurückliegenden halben Jahr gearbeitet haben.

Da viele Menschen Schwierigkeiten haben, eigene Stärken zu benennen, ist es auch hilfreich, sich einmal zu überlegen, was die Mitmenschen an einem schätzen. Beantworte, ohne eine Wertung im Kopf zu haben, die folgenden Fragen und schreibe alles auf. Du kannst die Antworten immer wieder ergänzen. Nimm Dein Notizheft zur Hand, falls der Platz nicht reicht.

Was lieben Deine Mitmenschen an Dir?

....

....

In welchen Bereichen fragen Dich andere um Rat?

....

....

In welchen Bereichen bist Du besser als andere?

....

....

Was fällt Dir sehr leicht?

....

....

Was ist für Dich ganz normal, was für andere nicht normal ist?

....

....

Welche Hobbys beherrschst Du gut?

....

....

Betrachte Deine Hobbys. Welche Stärken lassen sich durch sie ableiten, die Du in Dir trägst?

....

....

Erfolg

„Erfolg heißt, sich selbst zu mögen, zu mögen, was man tut, und zu mögen, wie man es tut."
(Maya Angelou, Dichterin und Bürgerrechtsaktivistin,1928-2014)

Jeder Mensch strebt nach Erfolg. Das kann auf zwischenmenschlicher Ebene sein wie zum Beispiel eine wunderbare Familie zu gründen oder so vielen Menschen wie möglich zu helfen, oder auch auf beruflicher Ebene, wenn Du zum Beispiel einen bestimmten Job als Ziel im Auge hast. Auch kann Erfolg darin gesehen werden, dass man besonders viel Geld verdient oder bestimmte Dinge (Haus, Auto, Schmuck ...) besitzt.

Zu Erfolg gehört auch, dass man in einem bestimmten Bereich hervorragend ist. Hervorragend zu sein bedeutet, dass man durch Qualität, Begabung, Ideenreichtum und/oder Leistung hervorsticht. Auch hier gilt, dass jeder Mensch etwas anderes unter Hervorragendsein versteht bzw. verstehen kann. Es kommt darauf an, was Du selbst für Dich bei diesem Aspekt als wichtig erachtest.

Stell Dir vor, Du sollst jemanden beschreiben, der erfolgreich ist. Welche Eigenschaften und äußeren Umstände gehören in diesem Zusammenhang für Dich dazu?

....

....

Gibt es eine Position in der Gesellschaft oder auf beruflicher Ebene, die für Dich das absolute Ziel ist und über die es nichts Höheres mehr gibt? Das kann die Leiterin einer Kita oder ein Firmenchef sein, aber auch die Ausübung eines politischen Amts.

Welche?

....

....

Warum hast Du Dich für diese Position entschieden?

....

....

Angenommen, Du hast ein Ziel erreicht, strebst Du danach direkt das nächste an oder genießt Du erst einmal Deinen Erfolg?

....

....

Warum handelst Du so?

....

....

Was ist für Dich das Höchste, das Du finanziell anstrebst? Das kann ein Geldbetrag, ein Gehalt oder auch ein Wertgegenstand sein.

....

....

Bist Du ehrgeizig?

Gar nicht   Sehr

  1   2   3   4   5   6   7   8   9   10

Konkurrenz

„Konkurrenz belebt das Geschäft."

(Sprichwort)

Konkurrenz ist ein Wettbewerb. Wir alle befinden uns immer wieder in einem Wettbewerb mit anderen.[4] Es kann dabei unter anderem um Ansehen, Macht oder Zuneigung gehen, zum Beispiel wenn es um die Auszeichnung für etwas geht oder um das äußere Auftreten und Erscheinungsbild.

Was verstehst Du unter Konkurrenz?

....

....

Wie wichtig findest Du Konkurrenz?

Gar nicht wichtig   **Sehr wichtig**

1   2   3   4   5   6   7   8   9   10

Stehst Du gerne in Konkurrenz zu anderen?

Nein   **Ja**

1   2   3   4   5   6   7   8   9   10

---

4 Vgl.: A.D. Fischer: Reicher als die Geissens, AF Media, 2016, S.63 ff.

Welche Gefühle verbindest Du mit dem Wort Konkurrenz bzw. was löst es in Dir aus?

....

....

Wenn es um Konkurrenz geht, denkt man oft an den Beruf oder an messbare Leistungen. Arbeitest Du gerne?

Gar nicht   Sehr

1   2   3   4   5   6   7   8   9   10

Warum?

....

....

Arbeitest Du viel?

Wenig   Viel

1   2   3   4   5   6   7   8   9   10

Warum?

....

....

Risikobereitschaft

„Nichts geschieht ohne Risiko,
aber ohne Risiko geschieht auch nichts."
(Walter Scheel, ehem. Bundespräsident, 1919-2016)

Wenn Du ein Risiko eingehst, bist Du Dir der eventuellen Nachteile einer Handlung bewusst. Zum Beispiel beherbergt es immer ein Risiko, einen Job zu kündigen, bevor man einen neuen zugesagt bekommen hat, oder wenn Du einen Vortrag halten sollst und Du Dich nicht intensiv auf das Thema vorbereitest.

Bist Du risikobereit?

Gar nicht   Sehr

1   2   3   4   5   6   7   8   9   10

Warum?

....
....

Wenn Du eher risikobereit bist, setzt Du eventuell auch Deine Beliebtheit bei anderen auf's Spiel. Wie wichtig ist es Dir, beliebt zu sein?

Gar nicht   Sehr

1   2   3   4   5   6   7   8   9   10

Warum?

....
....

Was machst Du, wenn Du merkst, dass Dich jemand nicht leiden kann?

....

....

Stark sein

> *„Stärke wächst nicht aus körperlicher Kraft –*
> *vielmehr aus unbeugsamem Willen."*
> (Mahatma Gandhi, indischer Rechtsanwalt
> und Pazifist, 1869-1948)

Stark sein kann unterschiedliche Bedeutungen haben. Zum einen sagt es etwas über die Kraft aus, die wir besitzen, zum anderen über unsere Leistungsfähigkeit und unser Durchsetzungsvermögen. Du musst nicht laut sein, um als stark zu gelten. Es geht vielmehr um Beharrlichkeit und darum, dass Du Dich nicht zu stark von anderen Menschen oder Umständen beeinflussen lässt, dass Du bei Deinen Überzeugungen bleibst und nach ihnen handelst.[5] Stärke kann aber auch bedeuten, dass Du nachgibst und Deine Überzeugungen überdenkst und änderst, weil Du bemerkt hast, dass andere Ansichten besser sind.

Wie sehr siehst Du Dich unter Deinen Freundinnen und Freunden als Meinungsmacherin bzw. Meinungsmacher?

Gar nicht   Stark

1   2   3   4   5   6   7   8   9   10

---

5 Vgl.: D. Märtin: Hier geht's hoch, Campus 2023, S.60 ff.

Wie sehr siehst Du Dich unter Deinen Freundinnen und Freunden als Anführerin bzw. Anführer?

Gar nicht   Stark

1   2   3   4   5   6   7   8   9   10

Wie gut bist Du darin, neue Ideen anzustoßen und anzugehen? Stellst Du zum Beispiel, gerne Möbel um oder probierst ein neues Restaurant aus etc.?

Gar nicht   Stark

1   2   3   4   5   6   7   8   9   10

Wie gut bist Du darin, Menschen mitzunehmen und zu begeistern?

Gar nicht   Sehr gut

1   2   3   4   5   6   7   8   9   10

Wie würdest Du Deine Rolle im Freundeskreis oder im Verein beschreiben? Bist Du zum Beispiel eher eine Person, die sagt, wo es langgeht, oder bist Du eher im Hintergrund?

....

....

Übernimmst Du gerne Verantwortung?

Nein   Ja

1   2   3   4   5   6   7   8   9   10

Warum?

....

....

Statussymbole sind auch ein Zeichen der Macht und damit auch der Stärke. Wir möchten nach außen zeigen, zu welcher Gruppe wir gehören, und gleichzeitig wollen wir uns durch die Statussymbole bewusst von anderen abgrenzen, das heißt, wir wollen unsere Individualität unterstreichen.

Was sind für Dich Statussymbole? Kreuze an!

Symbol	Ja	Nein
Dienstwagen		
Auto einer Luxusmarke		
Luxustasche		
Maßkleidung/Maßschuhe		
Kostbare Markenuhr		
Kostbarer Schmuck		
Privatangestellte		
Repräsentatives Büro		
Teure Smartphones/Tablets etc.		
Teure Kreditkarten		

Wertvolle Gemälde oder Antiquitäten		
Teure Villa		
Eine Jacht		
Privatflugzeug		
Luxusurlaub		
Rassehunde und Rennpferde oder auch exotische Haustiere		
Mitgliedschaft in den richtigen Klubs (Golf, Tennis, Fitness)		
Persönlicher Arzt oder Schönheitschirurg		

Welche davon findest Du erstrebenswert? Markiere sie!

Welche drei Statussymbole sind für Dich am wichtigsten? Das können auch andere sein als die oben Erwähnten.

1 ....

Warum? ....

....

2 ....

Warum? ....

....

3 ....

Warum? ....

....

Macht und Ansehen

"Mein Job ist es nicht, es den Leuten besonders leicht zu machen. Mein Job ist es, sie besser zu machen."
(Steve Jobs, Mitgründer von Apple, 1955-2011)

Um Ansehen und Macht zu erlangen, musst Du hart arbeiten, manchmal jahrelang. Viele stellen dabei ihre persönlichen Bedürfnisse hinten an. Für sie steht dann etwas ganz Bestimmtes im Mittelpunkt, dem sich alles andere unterzuordnen hat.

Verlangst Du viel von Dir?

Ja   Nein

Warum?
....
....

Verlangst Du viel von anderen?

Ja   Nein

Warum?
....
....

Woran denkst Du, wenn Du das Wort „Macht" hörst?
....
....

Ansehen geht mit hoher Wertschätzung einher. Woran denkst Du, wenn Du das Wort „Ansehen" hörst?

....

....

Woran denkst Du, wenn Du das Wort „Überlegenheit" hörst?

....

....

Um auf Deinem Weg weiterzugehen, brauchst Du bestimmte Fähigkeiten. Viele davon spielen sich im zwischenmenschlichen Bereich ab.

Wie sehr kannst Du Dich mit anderen mitfreuen oder auch mitleiden?

Gar nicht   Sehr

1   2   3   4   5   6   7   8   9   10

Warum?

....

....

Wie gerne wirst Du bewundert?

Gar nicht   Sehr

1   2   3   4   5   6   7   8   9   10

Warum?
....
....

Wie gut kannst Du Dich auf andere und deren Bedürfnisse einstellen?

Gar nicht   Sehr

1   2   3   4   5   6   7   8   9   10

Warum?
....
....

Wie leicht fällt es Dir, fremde Menschen anzusprechen?

Gar nicht   Sehr

1   2   3   4   5   6   7   8   9   10

Warum?
....
....

Anerkennung von anderen erhält man nicht einfach so. Strengst Du Dich gerne an?

Gar nicht   Sehr

1   2   3   4   5   6   7   8   9   10

Warum?

....

....

Wie sehr lässt Du Dich von den Stärken anderer verunsichern?

Gar nicht   Sehr

1   2   3   4   5   6   7   8   9   10

Warum?

....

....

Was machst Du, wenn Du Dich unsicher fühlst?

....

....

3. Analysiere Deine momentane Situation

*„Man merkt nie, was schon getan wurde,
man sieht immer nur, was noch zu tun bleibt."*
(Marie Curie, poln., frz. Physikerin,
Chemikerin polnischer, 1867-1934)

Um Dich weiterzuentwickeln, musst Du Deine derzeitige Situation analysieren. Dadurch erkennst Du, was in Deinem Leben schon gut läuft und was Du noch verändern oder verbessern möchtest. Die folgenden Fragen können Dir eine Richtung geben, wo Dein Leben Dich hinführen soll und welche Stellschraube Du drehen musst, um das Leben führen zu können, das Dich zufrieden macht.

Gefühle

*„Welch eine himmlische Empfindung ist es,
seinem Herzen zu folgen."*
(Joh. W. von Goethe, dt. Dichter, Politiker und
Naturforscher, 1749-1832)

Gefühle, Emotionen oder Gemütsbewegungen finden in unserer Psyche statt. Sie beschreiben eine Bewegtheit in uns und werden durch die bewusste oder unbewusste Wahrnehmung eines Ereignisses oder einer Situation ausgelöst. Unterschiedliche Menschen können sehr verschieden auf die gleiche Situation reagieren. Dabei spielt auch die Erfahrung, die wir in uns mitnehmen, eine Rolle. Schon allein Regenetter kann bei manchen Menschen die Stimmung sehr verschlechtern. Andere sehen im Regen eine wunderbare Notwendigkeit für die Natur und begrüßen daher solches Wetter.

Fühlst Du Dich oft schlecht?

Oft   Gar nicht

1   2   3   4   5   6   7   8   9   10

Wenn Du Dich mal schlecht fühlst, warum?

....

....

Wenn man sich in seiner Haut nicht wohl fühlt, ist man oft auch in Bezug auf andere wesentlich empfindlicher.

Kritisierst Du oft andere aus dem geringsten Anlass?

Oft   Gar nicht

1   2   3   4   5   6   7   8   9   10

Wenn Du andere kritisierst, in welcher Situation findet das statt?

....

....

Andere zu kritisieren, fällt oft gar nicht schwer. Dabei ist es viel wichtiger, auf sein eigenes Handeln zu schauen, wenn man weiterkommen will.

Unterlaufen Dir oft Fehler?

Oft   Gar nicht

1   2   3   4   5   6   7   8   9   10

Wenn ja, warum? In welcher Situation?

....

....

Nenne die häufigsten Fehler, die Dir unterlaufen.

....

....

Bist Du im Gespräch zynisch oder angriffslustig?

Oft   Gar nicht

1   2   3   4   5   6   7   8   9   10

Meidest Du den Umgang mit bestimmten Menschen?

Ja   Nein

1   2   3   4   5   6   7   8   9   10

Warum? Was sind das für Personen?

....

....

Findest Du Dein Leben sinnlos bzw. erscheint Dir die Zukunft aussichtslos?

Ja   Nein

1   2   3   4   5   6   7   8   9   10

Warum?

....

....

Bemitleidest Du Dich häufig selbst?

Oft   Gar nicht

1   2   3   4   5   6   7   8   9   10

Warum?

....

....

Bist Du neidisch auf andere, die es aus Deiner Sicht besser haben als Du?

Oft   Gar nicht

1   2   3   4   5   6   7   8   9   10

Warum?

....

....

Woran denkst Du häufiger – an Erfolg oder Misserfolg?

....

Warum?

....
....

Lernst Du aus Fehlern?

Oft   Gar nicht

1   2   3   4   5   6   7   8   9   10

Warum?

....
....

Machst Du Dir Sorgen um Verwandte oder Bekannte?

Oft   Gar nicht

1   2   3   4   5   6   7   8   9   10

Warum?

....
....

Bist Du manchmal himmelhochjauchzend, dann wieder zu Tode betrübt?

Gar nicht Oft

1 2 3 4 5 6 7 8 9 10

Weißt Du, was die Gefühlsschwankungen auslöst?

Gar nicht Immer

1 2 3 4 5 6 7 8 9 10

Was sind die häufigsten Gründe für Deine Gefühlsschwankungen?

....

....

Was oder wer motiviert Dich am stärksten?

....

....

Wie und aus welchem Grund?

....

....

Lies Dir Deine Antworten zu Deinen Gefühlen noch einmal durch und mache Dir bewusst, wie sehr Du Dich von ihnen im Alltag oder auch in Deiner Zukunftsplanung beeinflussen lässt.

Äußere Einflüsse

„Wer den Hafen nicht kennt, in den er segeln will, für den ist kein Wind der richtige."
(Seneca, röm. Philosoph, Dramatiker, Naturforscher, Politiker, †65 n. Chr.)

Äußere Einflüsse können eine große Wirkung auf uns haben. Je nachdem, in welchem Umfeld Du Dich bewegst, siehst Du die Welt positiver oder negativer. Wenn die Menschen um Dich herum immer wieder von den Katastrophen in der Welt reden, wirst Du in eine sorgenvolle Stimmung versetzt, die Dich hindern kann zu träumen. Wenn Du von Menschen umgeben bist, die hoffnungsvoll und zuversichtlich sind, überträgt sich das auch auf Dich. Du traust Dir in einem solchen Umfeld viel eher etwas zu.

Wie gehst Du mit negativen Einflüssen oder negativen Emotionen von anderen um?

....

....

Akzeptierst Du negative oder entmutigende Einflüsse, die vermeidbar wären (zum Beispiel ein chaotisches Umfeld)?

Oft   Gar nicht

1   2   3   4   5   6   7   8   9   10

Warum?

....

....

Achtest Du auf Dein Äußeres?

Immer   Gar nicht
1   2   3   4   5   6   7   8   9   10

Warum?
....
....

Wann achtest Du besonders auf Dein Äußeres?
....
....

Warum?
....
....

Wenn Du Probleme hast, gehst Du sie an und konzentrierst Dich auf den Lösungsweg oder ertränkst Du sie in Arbeit und versuchst, sie wegzuschieben?
....
....

Warum?
....
....

Übernimmst Du gerne das Denken und Handeln in einer Gruppe und siehst es als Schwäche an, wenn andere die Vorreiter sind?

....
....

Warum?

....
....

Welche vermeidbaren Störfaktoren gibt es in Deinem Leben und nerven Dich (zum Beispiel zu wenig Schlaf, zu lautes Umfeld ...)?

....
....

Warum findest Du Dich damit ab?

....
....

Gibt es jemanden, der an Dir herumnörgelt?

....
....

Wenn ja, aus welchem Grund?

....
....

Ängste

"Wer die Angst überwindet, erlangt Freiheit."
(Ralph W. Emerson, US-amerikan.
Philosoph, Schriftsteller, 1803-1882)

Jeder Mensch hat in seinem Leben einmal Angst. Je nachdem, ob wir uns der Angst stellen oder uns von ihr beherrschen lassen, kann dieses Gefühl entweder unser Leben sehr negativ beeinflussen oder wir können daran wachsen. Es geht darum, wie wir mit dieser Angst umgehen. Sie ist ein Grundgefühl. In für uns als bedrohlich empfundenen Situationen äußert sie sich als Besorgnis und Erregung. Auslöser können dabei erwartete oder unerwartete Bedrohungen sein, zum Beispiel eine anstehende Prüfung oder Flugangst. Wenn wir Angst haben, sind wir angespannt, nervös und unruhig. Du spürst dann eine Furcht vor zukünftigen Ereignissen, daher kann die Angst Dich auf Deinem Weg, Deinem Voranschreiten hindern. Wenn Du erkennst, wovor Du Angst hast, kannst Du ganz anders mit diesem Gefühl umgehen und Dich auf Situationen, die Dir Angst machen, innerlich vorbereiten.[6]

Wovor hast Du Angst? Kreuze an.

Angst vor Armut	
Angst vor Kritik	
Angst vor Krankheit	
Angst vor Liebesentzug	
Angst vor dem Älterwerden	
Angst vor dem Tod[7]	

---

6 Vgl.: N. Hill, Think and grow rich, FBV, 2018, S.279 ff.
7 Ebd.

Wie schützt Du Dich vor negativen Einflüssen durch andere (zum Beispiel schlechte Laune, Neid)?

....

....

Was ist Dir wichtiger: materielle Besitztümer oder freies Denken? Was gibt Dir mehr Sicherheit?

....

....

Warum?

....

....

Stell Dir vor, Du weißt eine Sache ganz genau. Die Menschen um Dich herum vertreten aber eine andere Position. Wie leicht lässt Du Dich trotzdem von anderen beeinflussen?

Sehr leicht   Gar nicht

  1   2   3   4   5   6   7   8   9   10

Wie gehst Du mit problematischen Situationen um? Stellst Du Dich ihnen oder versuchst Du, ihnen auszuweichen, indem Du Dich anlügst?

....
....

Warum?

....
....

Was sind Deine 3 größten Schwächen?

....
....

Was unternimmst Du dagegen?

....
....

Auch im Zusammenleben mit anderen spielen Ängste eine wichtige Rolle. Welche Wirkung hat Deine Anwesenheit in der Regel auf andere?

....
....

Welche Angewohnheiten anderer stören Dich am meisten?

……………………………………………………………………

……………………………………………………………………

Wie kommst Du zu einer eigenen Meinung? Durch Dich selbst oder durch andere?

……………………………………………………………………

……………………………………………………………………

Warum?

……………………………………………………………………

……………………………………………………………………

Was hilft Dir, positiv zu denken (zum Beispiel Glaube, bestimmte Personen)?

……………………………………………………………………

……………………………………………………………………

Findest Du, dass es Deine Pflicht ist, sich die Sorgen anderer anzuhören?

Ja   Nein

Warum?

……………………………………………………………………

……………………………………………………………………

Dein Umfeld

*„Ein wahrer Freund stellt sich nicht in den Weg,
es sei denn, es geht bergab."*
(Cicero, röm. Philosoph und Politiker, 106-43 v. Chr.)

Jeder Mensch braucht Freundinnen und Freunde. Sie begleiten einen manchmal das ganze Leben. Eine Freundschaft ist ein Verhältnis, das auf gegenseitiger Zuneigung beruht und sich durch Sympathie, gegenseitigen Respekt und Vertrauen auszeichnet. Eine Freundin oder ein Freund ist ein Mensch, zu dem Du eine enge emotionale Beziehung hast. Freundschaft beinhaltet häufig gemeinsame Interessen und Aktivitäten. Freundinnen und Freunde unterstützen sich in guten wie in schlechten Zeiten. Allerdings gibt es auch Menschen, die man zu seinem Freundeskreis zählt, die einem jedoch gar nicht so guttun, wie man eigentlich denkt. Wenn Du jemanden kennst, der bzw. die immer wieder damit prahlt, was er bzw. sie sich leisten kann, und Dir das Gefühl gibt, dass Du nur dazugehörst, wenn Du Dir auch solche Dinge leisten kannst (teure Uhr, Auto, bestimmte Kleidung etc.), dann ist das sicherlich kein Freund bzw. keine Freundin. Die nächsten Fragen fordern Dich dazu auf, einmal über Deinen Freundeskreis nachzudenken und zu schauen, wer Dir wirklich guttut.[8]

Was stimmt aus Deiner Sicht (Kreuze an):
1: „Gleich und gleich gesellt sich gern",
2: „Unterschiede ziehen sich an"?

Was sagt Dein Freundeskreis diesbezüglich über Dich aus?

....

....

---

8 Vgl.: D. Märtin: Hier geht's hoch, Campus, 2023, S.101 ff.

Gibt es einen Zusammenhang zwischen den Menschen, die
Dir am nächsten stehen, und dem Gefühl, unglücklich zu sein?

Ja   Nein

Gibt es jemanden, der für Dich ein Freund oder eine Freundin
ist, Dir in Wirklichkeit aber nicht guttut?

Ja   Nein

Wer? Warum?

....

....

Nach welchen Regeln entscheidest Du, ob Dir jemand guttut
oder schadet?

....

....

Denke über die Menschen in Deinem engsten Umfeld nach. Sind
sie Dir geistig über- oder unterlegen?

Person 1 ....

....

Person 2 ....

....

Person 3 ....
....

Wer aus Deinem Familien- und Freundeskreis baut Dich am meisten auf? Wie?

....
....

Wer aus Deinem Familien- und Freundeskreis bremst Dich am meisten? Wie?

....
....

Wer aus Deinem Familien- und Freundeskreis entmutigt Dich am meisten? Wie?

....
....

Wer aus Deinem Familien- und Freundeskreis hilft Dir am meisten? Wie?

....
....

Auch die Dinge, um die man sich sorgt, können vom Freundeskreis beeinflusst werden. Was ist Deine größte Sorge?

....

....

Warum erträgst Du sie?

....

....

Stell Dir vor, ein Bekannter gibt Dir unaufgefordert Ratschläge. Hinterfragst Du sie und willst die dahinterstehenden Motive wissen oder nimmst Du sie fraglos an?

....

....

Warum?

....

....

Änderst Du oft Deine Meinung?

Gar nicht   Oft

1   2   3   4   5   6   7   8   9   10

Warum?

....

....

Bringst Du immer das zu Ende, was Du angefangen hast?

Gar nicht   Oft

1   2   3   4   5   6   7   8   9   10

Warum?

....
....

Beeindrucken Dich gesellschaftliche Positionen, Berufsbezeichnungen, akademische Titel oder der Reichtum anderer leicht?

Gar nicht   Oft

1   2   3   4   5   6   7   8   9   10

Warum?

....
....

Beeinflusst Dich das, was andere über Dich denken oder sagen?

Gar nicht   Oft

1   2   3   4   5   6   7   8   9   10

Warum?

....
....

Suchst Du gezielt Kontakt zu Menschen wegen ihres gesellschaftlichen oder finanziellen Status?

Gar nicht   Oft

1   2   3   4   5   6   7   8   9   10

Warum?

....
....

Wer ist Deiner Meinung nach die größte lebende Persönlichkeit?

....
....

Warum?

....
....

In welchem Punkt oder Punkten scheint Dir dieser Mensch überlegen?

....
....

Was tut Dir gut?

> *„Erinnere Dich an gestern,*
> *denke an morgen, aber lebe heute."*
> (Chinesische Weisheit)

Es ist wichtig, dass Du Dir immer wieder Fragen stellst, die Dich motivieren. Wer Fragen stellt, ist neugierig, und Neugierde treibt uns an zu handeln. Über die folgenden Fragen solltest Du sehr genau nachdenken. Danach solltest Du sie Dir immer wieder stellen und während einer Zugfahrt oder zum Beispiel auf dem Weg zu einem Hobby (zum Beispiel zum Sport) darüber nachdenken. Die Antworten zu den Fragen können sich immer weiterentwickeln und ändern, da Du ständig dazulernst, neue Situationen erlebst und älter wirst. Was Dich heute glücklich macht (zum Beispiel zu Hause zu bleiben und gar nichts zu tun), kann Dir später als verschwendete Zeit erscheinen.

Was macht Dich in Deinem Leben momentan glücklich?

....

....

Was genau daran macht Dich glücklich?

....

....

Was begeistert Dich derzeit in Deinem Leben?

....

....

Was genau begeistert Dich daran?

....

....

Worauf bist Du momentan in Deinem Leben stolz?

....

....

Was daran macht Dich stolz?

....

....

Wofür bist Du momentan in Deinem Leben dankbar?

....

....

Was genießt Du momentan in Deinem Leben am meisten?

....

....

Welche Gefühle ruft das in Dir hervor?

....

....

Wofür setzt Du Dich momentan in Deinem Leben ein?

....

....

Was ist der Grund dafür?

....

....

Welche Gefühle ruft das bei Dir hervor?

....

....

Wen liebst Du?

....

....

Wer liebt Dich?

....

....

Welche Gefühle ruft das bei Dir hervor?

....

....

Was hat Dich in der letzten Woche bewegt?

....

....

Was hast Du in der letzten Woche gelernt?

....

....

Inwiefern hat sich in der letzten Woche Deine Lebensqualität erhöht?

....

....

Wie kannst Du die kommende Woche so nutzen, dass sie Dich Deinen Zukunftsplänen näherbringt?

....

....

Statussymbole[9]

> *„Statussymbole sind die Rangabzeichen der Zivilisten."*
> (Vance Packard, amerik. Journalist u. Sozialkritiker, 1914-96)

Statussymbole gehören zum Bereich des Luxus. Sie zeigen, was Du nach außen darstellen möchtest und zu wem Du gehören

---

9 Vgl.: ebd., S.76 ff.

willst. Bedenke dabei aber folgendes: Du musst das tun, wozu Du stehst, das, was Dir einen inneren Frieden gibt, nicht das, was die Menschen um Dich herum als besonders ansehen. Das macht nicht glücklich. Nicht nur materielle Dinge gehören inzwischen zu den Statussymbolen, auch ganz andere Bereiche werden dazugezählt (Zeit, Gesundheit etc.). Denke darüber nach, wie wichtig Dir die folgenden Aspekte für Dich und Dein Leben sind.

Das Thema **Gesundheit** spielt eine immer wichtigere Rolle. Es wird darauf Wert gelegt, wie Du mit Dir und Deinem Körper umgehst.

Welche Rolle spielt das Thema Gesundheit für Dich?

Gar keine   Eine große

1   2   3   4   5   6   7   8   9   10

Warum?

....

....

Auch wenn bestimmte Sprüche manchmal cool wirken, das freundliche Miteinander wird wesentlich höher geschätzt.

Wie wichtig ist Dir **Freundlichkeit**?

Gar nicht   Sehr

1   2   3   4   5   6   7   8   9   10

Warum?

....

....

Wie wichtig ist es Dir, auf andere **cool** zu wirken?

Gar nicht   Sehr

1   2   3   4   5   6   7   8   9   10

Warum?

....

....

Höflichkeit ist eine Tugend. Ein höflicher Mensch verhält sich rücksichtsvoll und geht respektvoll mit seinen Mitmenschen um.

Wie wichtig ist Dir Höflichkeit?

Gar nicht   Sehr

1   2   3   4   5   6   7   8   9   10

Warum?

....

....

Bildung ist für alle wichtig. Es geht darum, Wissen und Fähigkeiten zu erwerben. Sie hilft uns, unser Leben zu gestalten und gute Entscheidungen zu treffen. Auch hilft sie uns, besser mit anderen Menschen zusammenzuarbeiten. Meistens tun sich Menschen des gleichen Bildungsgrads zusammen.

Wie wichtig ist Dir Bildung?

Gar nicht   Sehr

   1   2   3   4   5   6   7   8   9   10

Warum?

....

....

Heute ist es wichtig, sich über **Social-Media**-Kanäle zu vernetzen. Allerdings gibt es große Unterschiede in der Nutzung. Viele Menschen teilen ihr ganzes Leben darüber mit, auch um gut dazustehen. Dabei werden öfters auch Grenzen überschritten oder nicht eingehalten, indem zu viel veröffentlicht wird.

Teilst Du gerne auf Social-Media-Kanälen mit, was Du gerade machst oder was Du besitzt?

Gar nicht   Sehr

   1   2   3   4   5   6   7   8   9   10

Warum?

....

....

Es gibt so viele Sprichwörter, die zeigen, wie wichtig das **Äußere** ist: „Wie Du kommst gegangen, so wirst Du empfangen." – „Kleider machen Leute." ... Du solltest Dir über die Wirkung Deines Äußeren bewusst sein, denn es kann Dir Türen öffnen oder verschließen.

Wie wichtig ist Dir Dein Äußeres?

Gar nicht   Sehr

1   2   3   4   5   6   7   8   9   10

Warum?

....
....

Was willst Du mit Deinem äußeren Auftritt Deinem Umfeld zeigen?

....
....

4. Was sind Deine Stärken und Schwächen?

Zufriedenheit

„Selig ist der Mensch, der mit sich im Frieden lebt.
Es gibt auf Erden kein größeres Glück."
(Buddha, indischer Weisheitslehrer und
Religionsstifter, ca. 500 v. Chr.)

Zufriedenheit ist ein hohes Gut. Zufriedene Menschen haben eine besondere Ausstrahlung. Sie wirken souverän und in sich ruhend. Aus welchem Blickwinkel Du etwas betrachtest, bestimmt, wie Du Dich fühlst. Das Ziel ist es, sich gut zu fühlen oder dafür zu sorgen, dass Du Dich gut fühlst. Stelle Dir immer wieder die Frage, was Du tun musst, um Dich gut zu fühlen. Wenn Du Dich jetzt glücklich fühlen willst, dann schau auf das, was in Deinem Leben gut läuft, was positiv ist. Ändere Deinen Blickwinkel, indem Du Dinge anders betrachtest und die positiven Aspekte in den Vordergrund holst. Wenn Du zum Beispiel gerade das Gefühl hast, dass Dir die Arbeit über den Kopf wächst, dann schau darauf, was Du schon erreicht hast.

Welche gesunden Wege kennst Du, welche Ressourcen hast Du in Dir, um Deinen Gemütszustand zu verbessern (zum Beispiel Musik machen, Malen, Freunde und Freundinnen treffen ...)? Zähle alles auf, was Dich aus einem unglücklichen Gemütszustand herausholen kann.

....

....

Gibt es etwas, das Dich fasziniert, bei dem Du jedoch etwas Neues ausprobieren müsstest?

....

....

Nenne 3 Dinge, die positiv für Dich und Dein Leben sind:

....

....

Kenne Deine Stärken und Schwächen

> *„Wer weiß, wo seine Stärken liegen,*
> *kann leichter zu seinen Schwächen stehen."*
> (Ernst Ferstl, österr. Aphoristiker, *1955)

Es ist für Dich wichtig zu wissen, wo Deine Stärken und Schwächen liegen. Deine Stärken solltest Du fördern und Deine Schwächen immer im Auge behalten und an ihnen arbeiten. Schwächen gehen nicht mit einem Mal zurück, Du musst jeden Tag an ihnen arbeiten. Nur wenn Du kontinuierlich dranbleibst, kannst Du sie beeinflussen. Jeden Tag ein bisschen.

Die folgenden Fragen zeigen Dir auf, woran Du noch arbeiten solltest und wo Deine Stärken liegen. Nimm Dir für die Fragen genügend Zeit und beantworte sie ehrlich.[10]

---

10 Vgl.: N. Hill: Think an grow rich, FBV, 2018, S.279 ff.

Hast Du in den letzten Monaten so viel geleistet, wie Dir möglich war?

Nie   **Immer**

1   2   3   4   5   6   7   8   9   10

Warum?

....

....

Hast Du Dich in den letzten Monaten gegenüber Deinen Mitmenschen positiv verhalten?

Nie   **Immer**

1   2   3   4   5   6   7   8   9   10

Warum?

....

....

Hast Du Dinge aufgeschoben und dadurch Dein Weiterkommen behindert?

Nie   **Immer**

1   2   3   4   5   6   7   8   9   10

Warum?

....

....

Wenn Du Dir etwas vornimmst, verfolgst Du diese Idee konsequent?

Nie   Immer

1   2   3   4   5   6   7   8   9   10

Warum?

....
....

Fällt es Dir leicht oder schwer, Entscheidungen zu treffen?

Leicht   Schwer

1   2   3   4   5   6   7   8   9   10

Warum?

....
....

Wie sehr beeinträchtigt Dich die Angst vor Kritik?

Sehr   Gar nicht

1   2   3   4   5   6   7   8   9   10

Warum?

....
....

Wie sehr beeinträchtigt Dich die Angst vor Liebesentzug?

Sehr   Gar nicht

1   2   3   4   5   6   7   8   9   10

Warum?

....

....

Wie sehr beeinträchtigt Dich die Angst, arm zu werden?

Sehr   Gar nicht

1   2   3   4   5   6   7   8   9   10

Warum?

....

....

Bist Du eher vorsichtig?

Sehr   Gar nicht

1   2   3   4   5   6   7   8   9   10

Warum?

....

....

Wer sind Deine 3 wichtigsten Bezugspersonen?

....

....

Wie ist Deine Beziehung zu diesen Personen?

P1 ....

....

P2 ....

....

P3 ....

....

Wenn die Beziehung belastet ist, an wem liegt das? Warum?

P1 ....

....

P2 ....

....

P3 ....

....

Bist Du manchmal nicht richtig bei der Sache, die Du gerade tust?

Oft   Nie

1   2   3   4   5   6   7   8   9   10

Warum?

....

....

Bist Du aufgeschlossen und tolerant?

Gar nicht   Sehr

1   2   3   4   5   6   7   8   9   10

Warum?

....

....

Achtest Du darauf, Dich stets zu verbessern?

Gar nicht   Sehr

1   2   3   4   5   6   7   8   9   10

Warum?

....

....

Schlägst Du manchmal über die Stränge?

Gar nicht Oft

1　2　3　4　5　6　7　8　9　10

Warum?

....

....

Wie wichtig ist es Dir, im Mittelpunkt zu stehen?

Gar nicht Sehr wichtig

1　2　3　4　5　6　7　8　9　10

Warum?

....

....

Wie triffst Du Entscheidungen?

Intuitiv Nach gründlichen
 Überlegungen

1　2　3　4　5　6　7　8　9　10

Warum?

....

....

Hast Du ein gutes Zeitmanagement? Kommst Du mit Deiner Zeit zurecht?

Nein   Ja

1   2   3   4   5   6   7   8   9   10

Woran liegt das?

....

....

Kommst Du mit Deinem Geld gut aus?

Ja   Gar nicht

1   2   3   4   5   6   7   8   9   10

Warum?

....

....

Wie viel Zeit verbringst Du mit Dingen, die Dich nicht weiterbringen (Handykonsum etc.)?

Beschäftigung	Zeit pro Tag	Zeit pro Monat

Stell Dir vor, Du änderst Dein jetziges Verhalten nicht. Wie würdest Du in 10 Jahren auf Deine Vergangenheit zurückblicken?

....

....

Wie würde Deine Zukunft aussehen, wenn Du Veränderungen vornehmen und Deine Zeit sinnvoll nutzen würdest?

....

....

Handelst Du manchmal gegen Dein Gewissen?

Gar nicht   Oft

1   2   3   4   5   6   7   8   9   10

Wenn ja, wann und warum?

....

....

Hast Du schon einmal jemanden unfair behandelt?

Ja   Nein

Wenn ja, in welcher Situation?

....

....

Was hast Du gemacht?

....
....

Sind Deine Mitmenschen mit Deinen Leistungen zufrieden?

Nein   Ja

1   2   3   4   5   6   7   8   9   10

Warum?

....
....

Dein Umgang mit anderen

*„Fremde Fehler beurteilen wir wie Staatsanwälte,
die eigenen wie Verteidiger."*

(Spruch, unbekannt)

Meistens beurteilt man die eigenen Fehler anders als Fehler anderer Menschen. Um dies zu umgehen, hilft es, die Perspektive zu wechseln und die Problematik aus der Sicht des anderen zu betrachten. Menschen, die andere immer härter ver- und beurteilen als sich selbst und auch ihre eigenen Fehler nicht als solche wahrnehmen, meidest Du automatisch, da Du Dich in deren Gegenwart nicht wohlfühlst.

Damit Du Dich in der Gegenwart eines anderen Menschen wohlfühlst, benötigt dieser bestimmte Eigenschaften. Diese solltest Du verinnerlichen, denn es ist immer positiv, wenn sich andere Menschen auch in Deiner Gegenwart wohlfühlen und Du Deinen Weg zum Ziel nicht allein gehen musst.

Hier folgen ein paar Verhaltensregeln:

- Kommentiere oder kritisiere nicht alles.
- Sei vertrauenswürdig und interessiert.
- Respektiere die Meinung anderer.
- Hebe positive Dinge hervor und lobe andere.
- Sei im Gespräch präsent statt abgelenkt (zum Beispiel durch das Handy).
- Lass die anderen ausreden. Das zeigt Wertschätzung.
- Frage nach, wenn Dir etwas unklar ist.
- Zeige Interesse an Deinem Gegenüber, indem Du zum Beispiel den Blickkontakt suchst.
- Halte Dich mit Deinem Redeanteil zurück.[11]

Beobachte Dich in der nächsten Woche in Gesprächen mit anderen und reflektiere Dein Verhalten.

Woran musst Du noch arbeiten? Was klappt schon ganz gut? Kreuze an:

Ich kommentiere/kritisiere andere oft.

Trifft zu   Trifft nicht zu

1   2   3   4   5   6   7   8   9   10

Ich bin im Gespräch präsent.

Trifft zu   Trifft nicht zu

1   2   3   4   5   6   7   8   9   10

---

[11] Vgl.: A.D. Fischer: Reicher als die Geissens, S.133 ff.

Ich nehme interessiert an Gesprächen teil und frage nach, wenn mir etwas unklar ist.

Trifft zu   Trifft nicht zu

1   2   3   4   5   6   7   8   9   10

Ich respektiere die Meinung anderer.

Trifft zu   Trifft nicht zu

1   2   3   4   5   6   7   8   9   10

Ich halte mich mit meinem Redeanteil zurück.

Trifft zu   Trifft nicht zu

1   2   3   4   5   6   7   8   9   10

Ich lasse andere ausreden.

Trifft zu   Trifft nicht zu

1   2   3   4   5   6   7   8   9   10

Ich hebe positive Dinge bei anderen hervor.

Trifft zu   Trifft nicht zu

1   2   3   4   5   6   7   8   9   10

5. Was ist für Dich Lebensqualität?

Ein gutes Leben

„Es gibt erfülltes Leben trotz vieler unerfüllter Wünsche."
(Dietrich Bonhoeffer, ev. Theologe, 1906-1945)

Wenn Du von einer Sache erfüllt bist, dann beherrscht sie vorwiegend Deine Gedanken und Du fühlst Zufriedenheit in Dir. Jeder Mensch ist von unterschiedlichen Dingen erfüllt. Ich zum Beispiel fühle Erfüllung, wenn ich mit meiner Familie etwas unternehme oder wenn ich anderen helfen kann. Manche Menschen empfinden dieses Gefühl, wenn sie kochen und dabei ein tolles Menü zaubern. Du hast Deine ganz eigene Vorstellung von Erfüllung und darum geht es jetzt. Sei aufrichtig zu Dir selbst. Nicht die Ideen, Vorstellungen oder Wünsche anderer machen Dich glücklich und zufrieden, nur Deine eigenen.

Was ist für Dich ein gutes Leben?

....

....

Wenn Du nicht auf Erfolg, Reichtum und Ansehen achten müsstest: Was wäre für Dich das Wichtigste?

....

....

Was würdest Du tun, wenn Du Zeit hättest, die Du nach Deinen eigenen Wünschen nutzen könntest?

....

....

Was ist für Dich Kultur (zum Beispiel ein Opernbesuch, gutes Essen, gute Filme etc.)?

....

....

Welche Rolle spielt für Dich Kultur?

Unwichtig								Sehr wichtig	
1	2	3	4	5	6	7	8	9	10

Warum?

....

....

Welche Rolle spielt für Dich die Natur?

Unwichtig								Sehr wichtig	
1	2	3	4	5	6	7	8	9	10

Warum?

....

....

Welche Rolle spielt für Dich Schönheit?

Gar keine   Sehr große

1   2   3   4   5   6   7   8   9   10

Warum?

....

....

Leidenschaften

*„Erfolg besteht aus drei Komponenten: Leidenschaft,
harter Arbeit und dem unbeirrbaren Glauben
an die Zielerreichung."*
(Christian Bischoff, dt. Persönlichkeitstrainer, *1976)

Eine Leidenschaft ist eine große Begeisterung, eine ausgeprägte Neigung. Leidenschaften sind auf Genuss hin ausgerichtet. Wir möchten unbedingt etwas besitzen (Auto, Schmuck etc.) oder uns durch das Ausleben einer Leidenschaft (musizieren, malen) immer wieder in einen bestimmten, positiven Zustand versetzen. Man kann auch Leidenschaft für eine bestimmte Tätigkeit haben, der man sich mit Hingabe widmet (Gedichte schreiben, tanzen etc.).

Was fasziniert Dich?

....

....

Warum?

....

....

Welche Leidenschaften hast Du?

....

....

Welche davon möchtest Du ausleben?

....

....

Wie würdest Du Dich fühlen, wenn Du sie nicht ausleben könntest?

....

....

Wie würdest Du in 5 oder 10 Jahren auf Dein Leben zurückblicken, wenn Du Deine Leidenschaften nicht gelebt hättest, obwohl es die Gelegenheit dazu gab?

....

....

Freiheit

„*Des geistigen Menschen höchste Leistung ist immer Freiheit. Freiheit von den Menschen, Freiheit von den Meinungen, Freiheit von den Dingen, Freiheit nur zu sich selbst."*

(Stefan Zweig, österreichisch-britischer Schriftsteller, 1881-1942)

Freiheit wird als Möglichkeit verstanden, ohne Zwang zwischen unterschiedlichen Optionen auszuwählen und Entscheidungen zu treffen. Freiheit ist ein kostbares Gut, denn nur wenn wir uns frei fühlen, trauen wir uns auch, unsere Träume umzusetzen. Jeder Mensch braucht seine eigenen Freiräume.

Lebst Du so frei, wie Du es Dir wünschst?

Nein   Ja

1   2   3   4   5   6   7   8   9   10

Wenn nein, was hindert Dich?

....

....

Nachhaltigkeit

„Ja, wir könnten jetzt was gegen den Klimawandel tun, aber wenn wir dann in 50 Jahren feststellen würden, dass sich alle Wissenschaftler doch vertan haben und es gar keine Klimaerwärmung gibt, dann hätten wir völlig ohne Grund dafür gesorgt, dass man selbst in den Städten die Luft wieder atmen kann, dass die Flüsse nicht mehr giftig sind, dass Autos weder Krach machen noch stinken und dass wir nicht mehr abhängig sind von Diktatoren und deren Ölvorkommen. Da würden wir uns schön ärgern."
(Marc-Uwe Kling, dt. Liedermacher, 1982)

Nachhaltigkeit bedeutet, dass Du darauf achtest, die Bedürfnisse der Gegenwart so zu befriedigen, dass die Möglichkeiten zukünftiger Generationen nicht eingeschränkt werden. Zum Beispiel achtest Du darauf, was Du isst, indem Du auf den Transportweg schaust oder auf Fleisch verzichtest. Ich finde es immer besonders wichtig, Dinge so lange zu gebrauchen, bis sie wirklich aufgebraucht oder verbraucht sind. Das fängt beim gründlichen Ausdrücken der Zahnpastatube an und hört beim Tragen von Kleidungsstücken, auch wenn sie nicht mehr so sehr im Trend sind, noch lange nicht auf.

Wie wichtig ist Dir Nachhaltigkeit?

Gar nicht   Sehr

1   2   3   4   5   6   7   8   9   10

Lebst Du so nachhaltig, wie Du es Dir wünschst?

Nein   Ja

1   2   3   4   5   6   7   8   9   10

Was fehlt noch, damit Du sagen kannst, dass Du ein nachhaltiges Leben führst, so wie Du es Dir wünschst?

....

....

Wie könntest Du das erreichen?

....

....

Was spielt dabei eine Rolle?

....

....

Unabhängigkeit[12]

„Es tut jeder gut, sich auf seine eigenen Beine zu stellen, diese Beine mögen sein, wie sie wollen."
(Theodor Fontane, dt. Schriftsteller, Theaterkritiker 1819-1898)

Unabhängigkeit ist der Zustand der Selbstständigkeit und Selbstbestimmung. Dabei definiert jeder Mensch Unabhängigkeit anders. Für manchen bedeutet sie, dass er oder sie nicht mehr arbeiten muss, oder es kann auch bedeuten, dass man von den Meinungen anderer unabhängig ist.

---

12 Vgl.: D. Märtin: Hier geht's hoch, Campus, 2023, S.118

Wie wichtig ist Dir Unabhängigkeit?

Gar nicht   Sehr

1   2   3   4   5   6   7   8   9   10

Was ist für Dich Unabhängigkeit?

....
....

Welche Rolle übernimmt Geld im Zusammenhang mit Unabhängigkeit für Dich?

....
....

Wie viel Freiheit und Freiraum wünschst Du Dir in Deinem Leben?

....
....

Genuss

*„Die Gaben der Natur und des Glücks sind nicht
so selten wie die Kunst, sie zu genießen."*
(Luc de Clapiers Vauvenargues,
französischer Philosoph, 1715-1747)

Wenn Du genießt, nimmst Du Dir Zeit für etwas. Es wird mindestens ein Sinnesorgan angeregt und ein positives Gefühl, eine positive Empfindung macht sich breit. Jeder Mensch hat eine andere Vorstellung davon, was für ihn Genuss bedeutet, das wird schon allein bei den unterschiedlichen Musikvorlieben deutlich.

Welchen Stellenwert nimmt Genuss in Deinem Leben ein?

Niedrig   Hoch
1   2   3   4   5   6   7   8   9   10

Lebst Du so genussvoll und angenehm, wie Du es Dir wünschst?

Nein   Ja
1   2   3   4   5   6   7   8   9   10

Was fehlt noch, damit Du sagen kannst, dass Du ein angenehmes Leben führst, so wie Du es Dir wünschst?

....

....

Wie könntest Du das erreichen?

....

....

Was spielt dabei eine Rolle?

....

....

Erholung

> *„Nichts bringt uns auf unserem Weg besser voran als eine Pause."*
> (Elizabeth Barrett Browning, engl. Dichterin, 1846-1861)

Erholung ist für jeden Menschen wichtig, denn nur durch sie kommst Du wieder zu Kräften. Wenn man zu wenig Erholung in seinen Alltag einbaut, fühlt man sich irgendwann erschöpft und leer. Deshalb ist es wichtig, dass man für sich sorgt, damit die eigene Psyche und der Körper gesund bleiben.

Welchen Stellenwert nimmt Erholung in Deinem Leben ein?

Niedrig   Hoch

1   2   3   4   5   6   7   8   9   10

Findest Du genügend Zeit für Erholung?

Nein   Ja

1   2   3   4   5   6   7   8   9   10

Wenn Du eher keine Zeit für Erholung findest: Was hindert Dich daran, Dir die Zeit dafür zu nehmen?

....

....

Welche Rolle sollte der Aspekt der Erholung in Deiner Zukunft spielen?

....

....

Interessen

„Auch wenn alle in einem Boot sitzen, muss das nicht bedeuten, dass alle dasselbe Interesse haben."

(Georg-Wilhelm Exler, dt. Aphoristiker, *1960)

Interesse ist die Aufmerksamkeit, die eine Person einer Sache oder einer anderen Person schenkt. Wenn wir uns für nichts interessieren würden, hätten wir keine Ziele und unser Leben würde sich leer anfühlen. Begabungen sind angeborene Befähigungen. Sie können sehr unterschiedlich sein, zum Beispiel musischer Art oder im zwischenmenschlichen Bereich, beispielsweise wenn Du gut zuhören kannst. Interessen und Begabungen sind individuell sehr unterschiedlich.

Was sind Deine Interessen?

....

....

Wo siehst DU Deine Begabungen?

....

....

Wie wichtig ist es Dir, Deine Interessen auszuleben?

Gar nicht   Sehr

1   2   3   4   5   6   7   8   9   10

Findest Du genügend Zeit für Deine Interessen und Begabungen?

Nein   **Ja**

1   2   3   4   5   6   7   8   9   10

Was könntest Du tun, um mehr Zeit für Deine Interessen zur Verfügung zu haben?

....

....

Was müsste passieren, damit Du das Gefühl hast, dass Du ein Leben wie im Bilderbuch führst?

....

....

Folge Deinem eigenen Stern

> *„Sei offen für alles, was dir begegnet,*
> *aber folge deinem eigenen Stern."*
> (Unbekannt)

Die Suche nach dem eigenen Begriff von Erfolg ist sehr schwer. Was für den einen Erfolg ist, hat für einen anderen nicht im Geringsten etwas mit dem Thema zu tun.

Als meine Mutter in der dritten Klasse war, wurden die Schülerinnen und Schüler dazu aufgefordert, ihr wichtigstes Ziel aufzuschreiben. Die Zettel wurden anonym abgegeben und vor der Klasse vorgetragen. Viele wollten ein Haus, einen tollen, gut bezahlten Job oder andere materielle Dinge. Meine Mutter notierte damals nur: „Ich will eine gute Mutter werden." An diesem Beispiel sieht man, wie unterschiedlich die Träume und Wünsche der Menschen sind. Meine Mutter hat ihren Traum übrigens Wirklichkeit werden lassen.

Es geht nicht um die Träume der Mehrheit oder anderer Menschen, sondern darum, dass Du das erreichst, was für Dich das Höchste ist. Nur der Weg, der sich für dich gut anfühlt, ist für Dich der richtige. Frage Dich immer wieder, wie Dein Weg im Leben beschaffen sein muss, damit er sich für Dich gut anfühlt.

Wie sieht dieser Weg deiner Meinung nach aus? Wo möchtest Dusein?

....
....

Woran würdest Du erkennen, dass Du da bist, wo Du sein möchtest?

....
....

Fühlst Du Dich in Deinem derzeitigen Umfeld wohl?

....
....

Warum?

....
....

Zu verwirklichen, was für Dich selbst das Höchste ist, hat auch seinen Preis. Manchmal wirst Du sehr wenig Zeit für Dich oder

Deine Familie, Freundinnen und Freunde haben, manchmal musst Du auf Menschen zugehen, die Du eigentlich meiden möchtest. Aber bedenke immer, dass die häufigste Form der Verzweiflung hervorgeht, wenn Du nicht der Mensch bist, der Du sein möchtest.

Welche Werte sind für Dich in diesem Zusammenhang nicht verhandelbar?

....

....

Sei authentisch

> *„Verbringe jeden Tag einige Zeit mit Dir selbst."*
> (Dalai Lama, *1935)

Es ist wichtig, dass Du immer glaubwürdig und unverfälscht bist. Menschen umgeben sich am liebsten mit Menschen, die die gleichen Werte haben. Auch Du suchst Menschen, die „ähnlich ticken" wie Du. Daher ist es nicht zielführend, sich zu verstellen, weil Du dann an Menschen gerätst, mit denen Du vielleicht gar nicht so gerne etwas zu tun hättest, und diejenigen, deren Gesellschaft Du eigentlich suchst, halten sich von Dir fern. Deine Umgebung merkt auch sehr schnell, wenn Du Dich verstellst.[13]

Was macht Deine Persönlichkeit aus?

....

....

---

13 Vgl.: A.D. Fischer: Reicher als die Geissens, AF Media, 2016, S.195 ff.

Was muss geschehen, damit Du so leben kannst, dass Du Dich nicht verbiegen musst?

....

....

Wie sollten die Menschen um Dich herum sein, damit Du das Gefühl hast, Du selbst sein zu können?

....

....

6. Wo möchtest Du gerne stehen?

*"Lass' dir dein Leuchten nicht nehmen,
nur weil es andere blendet."*
(Albert Einstein, theoret. Physiker, 1879-1955)

Jeder Mensch hat eine andere Vorstellung von Erfolg und Status. Es ist sehr schwer, diese beiden Begriffe für sich genau zu definieren. Um Deiner Definition von Erfolg und Status näherzukommen, stehen hier ein paar Fragen, die Du ehrlich und mit genügend Zeit beantworten solltest. Du bist niemandem Rechenschaft schuldig!

Wie viel bedeutet Dir finanzielle Unabhängigkeit?

Wenig   Sehr viel

1   2   3   4   5   6   7   8   9   10

Was verstehst Du unter finanzieller Unabhängigkeit?
....
....

Wie wichtig ist Dir Freiheit?

Unwichtig   Sehr wichtig

1   2   3   4   5   6   7   8   9   10

Warum?
....
....

Über welche Aspekte der Freiheit und über welchen Freiraum lässt Du nicht mit Dir verhandeln?

....

....

Wie wichtig ist Dir Deine zukünftige Karriere?

Unwichtig   Sehr wichtig

1   2   3   4   5   6   7   8   9   10

Warum?

....

....

Was möchtest Du für Deine Karriere tun? Wie viel Zeit möchtest Du ihr widmen?

....

....

Was möchtest Du neben Deiner Arbeit außerdem tun? Wofür willst Du noch Zeit haben?

....

....

Welchen Tagesablauf wünschst Du Dir in Zukunft?

Uhrzeit	Handlung

Wofür möchtest Du in der Woche noch Zeit haben?

....

....

Wo bzw. wie möchtest Du arbeiten? Kreuze an.

Im Büro		Allein	
Im Homeoffice		Im Team	
Irgendwo auf der Welt		Im Vordergrund	
Auf dem Land		Im Hintergrund	
In der Stadt		Mit Verantwortung	
Auf dem Wasser		Ohne große Eigenverantwortung	

Was bedeutet Dir Selbstständigkeit?

Unwichtig   Sehr wichtig

  1   2   3   4   5   6   7   8   9   10

Warum?

....
....

Was bedeutet Dir Selbstverantwortung?

Unwichtig   Sehr wichtig

  1   2   3   4   5   6   7   8   9   10

Warum?

....
....

Was würdest Du tun, wenn Du nicht für Geld arbeiten müsstest?

....
....

Welche Talente hast Du?

....
....

Welchen Talenten möchtest Du mehr Raum in Deinem Leben geben?

....

....

Warum nehmen sie derzeit nicht den von Dir gewünschten Platz im Leben ein?

....

....

Welche Herzensangelegenheiten sind Dir wichtig?

....

....

Welchen Herzenssachen möchtest Du mehr Raum in Deinem Leben geben?

....

....

Warum nehmen sie derzeit nicht den von Dir gewünschten Platz im Leben ein?

....

....

Welche Sehnsüchte hast Du?

....

....

Welchen möchtest Du mehr Raum in Deinem Leben geben?

....

....

Warum nehmen sie derzeit nicht den von Dir gewünschten Platz im Leben ein?

....

....

Bist Du ehrgeizig?

Gar nicht   Sehr

1   2   3   4   5   6   7   8   9   10

Warum?

....

....

Wie wichtig ist es Dir, beliebt zu sein?

Gar nicht   Sehr

1   2   3   4   5   6   7   8   9   10

Warum?

....

....

Kreativität[14]

„Kreativität ist Intelligenz, die Spaß hat."
(Albert Einstein, theoretischer Physiker, 1879-1955)

Kreativität ist die Fähigkeit, etwas zu gestalten, auch mal quer zu denken, Grenzen zu überschreiten oder Bekanntes umzudeuten. Wenn etwas nicht auf Anhieb funktioniert, müssen wir über Umwege oder neue Wege nachdenken. Auch das erfordert Kreativität.

Möchtest Du etwas mit den Händen schaffen?

Eher nein   Eher ja

1   2   3   4   5   6   7   8   9   10

Warum?/Warum nicht?

....

....

---

14 Vgl.: D. Märtin: Hier geht's hoch, Campus, 2023, S.119

Bist Du jemand, der viele kreative Ideen entwickelt?

Eher neinEher Ja

12345678910

Wenn ja, welche kreativen Ideen hast Du?

....

....

Kannst Du, wenn es ein Problem gibt, gut Umwege oder neue Wege finden, die trotzdem ans Ziel führen?

NeinJa

12345678910

Gibt es etwas, das Du unbedingt bewirken möchtest? Wenn ja, was?

....

....

Gibt es etwas, das Du unbedingt erforschen möchtest? Wenn ja, was?

....

....

Gibt es etwas, das Du unbedingt umsetzen möchtest?
Wenn ja, was?

....

....

Gibt es etwas, worüber Du Dich über die Maßen begeistern kannst? Wenn ja, was?

....

....

In welchen Momenten vergisst Du völlig Raum und Zeit?

....

....

Stell Dir vor, Geld spielt keine Rolle. Wie würdest Du Dein Talent verwirklichen, auch wenn es auf eine völlig ungewöhnliche Art und Weise wäre?

....

....

Luxus

*„Die Menschen werden zwar nicht zufriedener,
wenn sie Videos, PCs und Autos besitzen, sie werden
aber unzufriedener, wenn sie diese nicht besitzen."*
(Gerald Dunkl, österreichischer Psychologe
und Aphoristiker, *1959)

Jeder Mensch definiert Luxus anders. Im Duden steht, dass Luxus ein kostspieliger, verschwenderischer, den normalen Rahmen (der reinen Lebenshaltung o. Ä.) übersteigender, nicht notwendiger, nur zum Vergnügen betriebener Aufwand ist. Synonyme Begriffe zu dem Wort Luxus sind Pracht und verschwenderische Fülle.

Für manchen ist Luxus schon, einfach Zeit zu haben, das zu tun, was man leidenschaftlich gerne macht. Andere hingegen sehen in materiellen Dingen, wie einem teuren Auto oder einer teuren Uhr, den eigentlichen Luxus.

Die folgenden Fragen sollen Dich dazu anregen, darüber nachzudenken, was für Dich Luxus ist und wie wichtig er für Dich ist. Sei dabei ehrlich, denn wenn Du insgeheim Sehnsüchte oder Wünsche unterdrückst, weil sie in Deinem Umfeld nicht geschätzt werden, wirst Du nicht zufrieden sein.

Wie wichtig ist für Dich Einmaligkeit?

Sehr wichtig   Unwichtig

1   2   3   4   5   6   7   8   9   10

Warum?

....

....

Wie wichtig ist Dir ein sehr hohes Einkommen?

Gar nicht   Sehr

1   2   3   4   5   6   7   8   9   10

Warum?

....

....

Wie wichtig sind für Dich kostbare Gegenstände oder Markenprodukte?

Gar nicht   Sehr

1   2   3   4   5   6   7   8   9   10

Warum?

....

....

Wie wichtig ist es für Dich, repräsentativ zu wohnen?

Gar nicht   Sehr

1   2   3   4   5   6   7   8   9   10

Warum?

....

....

Im Rampenlicht stehen[15]

*"Man muss nicht im Rampenlicht stehen,
um Erfolge zu genießen."*
(Hannelore Elsner, dt. Schauspielerin, 1942-2019)

Es gibt Menschen, die gerne im Mittelpunkt stehen, manche mögen auch das öffentliche Aufsehen. Sie möchten beachtet und gesehen werden. Andere hingegen fühlen sich unwohl, wenn ihnen zu viel Aufmerksamkeit entgegengebracht wird. Oft wird das Rampenlicht auch synonym zum Begriff Erfolg verwendet. Aber was Du persönlich als erfolgreich betrachtest, muss nicht unbedingt mit einer großen Wahrnehmung von außen zusammenhängen. Du musst Dir selbst treu bleiben, nur dann kannst Du erfolgreich werden.

Was bedeutet Dir Aufmerksamkeit?

Nichts   Viel

1   2   3   4   5   6   7   8   9   10

Warum?

....

....

---

15 Vgl.: ebd., S.120

Was bedeutet Dir Bewunderung?

Nichts **Viel**

1   2   3   4   5   6   7   8   9   10

Warum?

....
....

Wie wichtig ist es Dir, dass man Dir und Deinen Ideen zuhört?

Unwichtig **Sehr wichtig**

1   2   3   4   5   6   7   8   9   10

Warum?

....
....

Suchst Du das Rampenlicht bzw. die Aufmerksamkeit anderer?

Nein **Ja**

1   2   3   4   5   6   7   8   9   10

Warum?

....
....

Brauchst Du einen Ort, an den Du Dich zurückziehen kannst?

Selten   Oft

1   2   3   4   5   6   7   8   9   10

Warum?

....
....

Was ist für Dich wichtig, um erfolgreich zu sein? Das Rampenlicht oder ein Rückzugsort?

Rückzugsort   Rampenlicht

1   2   3   4   5   6   7   8   9   10

Warum?

....
....

Welche Möglichkeiten siehst Du für Dich, um Einfluss zu erlangen und gehört zu werden?

....
....

Hohes Ansehen bedeutet, dass Du auf einem Gebiet besonders gut bist und die Menschen zu Dir kommen, um Dich dazu zu befragen. Du kannst Dir durch Deine Art und Deine Arbeit Ansehen bei Deinen Mitmenschen erarbeiten. Du wirst dann geschätzt und bewundert. Hohes Ansehen muss nicht unbedingt mit einer breiten Bekanntheit zusammenhängen (zum Beispiel Wissenschaftler in der Genforschung). Eine breite Bekanntheit bedeutet, dass Dich viele Menschen kennen und auch auf der Straße erkennen (zum Beispiel Popstar).

Was bedeutet Dir mehr: hohes Ansehen oder breite Bekanntheit?

....

....

Warum?

....

....

7. Zu wem willst Du gehören?

„Mit nur einer Hand lässt sich kein Knoten knüpfen."
(Sprichwort)

Um etwas zu erreichen, braucht es oft mehrere Menschen. Du kannst nicht alles wissen oder immer an alles denken. In der Gemeinschaft ist das einfacher. Dabei ist es wichtig zu wissen, wie wir uns in einer Gemeinschaft fühlen. In der Familie fühlen wir uns ganz anders als in einer Schulklasse, im Verein anders als unter Freunden. Wir hinterlassen bei unseren Mitmenschen einen bestimmten Eindruck, der zeigt, ob wir uns wohlfühlen oder nicht. Trotzdem brauchen wir nicht immerzu Gesellschaft, sondern auch ab und zu ruhige Stunden mit uns allein.

Was denkst Du, wie Dich andere Menschen sehen?

....

....

Wie sehen Dich andere Menschen? Frage drei Personen, die Dich unterschiedlich gut kennen.

Person 1 ....

....

Person 2 ....

....

Person 3 ....
....

Gemeinschaft

*„Gerade in Zeiten globaler Umbrüche ist es wichtig
zu wissen, was uns miteinander verbindet."*
(Roman Herzog, ehem. dt. Bundespräsident, 1934-2017)

Wenn Du Dich zugehörig fühlst, empfindest Du Dich als gleichwertiger Partner in einer Gruppe. Du begegnest den anderen auf Augenhöhe und willst dazu beitragen, dass es den Menschen, die zu Deiner Gruppe gehören, gut geht. Durch verschiedene Aspekte zeigst Du, zu wem Du gehören willst. Beantworte folgende Fragen ehrlich, ansonsten bringen sie Dich nicht weiter.

Welchen Stellenwert haben Freundschaft und Zusammenhalt für Dich?

Unwichtig   Sehr wichtig
1   2   3   4   5   6   7   8   9   10

Warum?
....
....

Bist Du lieber in einer Gemeinschaft oder ein Einzelgänger?

Einzelgänger   Gemeinschaft

1   2   3   4   5   6   7   8   9   10

Warum?

....

....

Welche Rolle spielt für Dich die Verbundenheit mit anderen Menschen?

Weniger wichtig   Sehr wichtig

1   2   3   4   5   6   7   8   9   10

Warum?

....

....

Macht es Dir Freude, die richtigen Leute zusammenzubringen?

Ja   Nein   Egal

Warum?

....

....

Macht es Dir Freude, gemeinsam mit anderen etwas zu bewegen?

 Ja   Nein   Egal

Warum?

....

....

Verbringst Du genügend Zeit mit Deinen Mitmenschen?

Ja   Nein

Wenn nicht: Was kannst Du tun, um mehr Zeit zu haben?

....

....

Kleidung[16]

> *„Kleider machen Leute."*
> (Gottfried Keller, Schweizer Dichter, Politiker, 1819-1890)

Kleidung unterstreicht unsere Persönlichkeit. Früher hat sie sogar gezeigt, welchen Beruf die Menschen ausübten und welche Stellung sie in der Gesellschaft einnahmen. Heute steht die Individualität im Vordergrund, aber bewusst oder unbewusst drückt unsere Kleidung auch unser Inneres aus. Sie ist ein soziales Signal, denn sie zeigt einen großen Teil unserer Identi-

---

16 Vgl.: ebd., S.148

tät und verrät unsren Mitmenschen, wer wir sind und worauf wir Wert legen.

Kleidung vermittelt auch Gefühle. Sie hat die Macht, uns zu verwandeln, wenn Du zum Beispiel an einem Tag, an dem Du Dich nicht wohl fühlst, besonders viel Wert auf Dein Äußeres legst, kann das dazu führen, dass es Dir besser geht.

Kleidung kann unseren Charakter und unser Auftreten verstärken oder sogar verändern. Durch das, was Du anziehst, hast Du also die Möglichkeit, das auszustrahlen, wer Du bereits bist oder auch das, wo Du einmal hingelangen möchtest. Frage Dich also immer mal wieder, welchen Eindruck Du mit Deiner Kleidung hinterlassen möchtest.

Welchen Kleidungsstil bevorzugst Du?

....

....

Warum?

....

....

Was möchtest Du mit ihm ausdrücken?

....

....

Wie wirkt er auf Deine Umwelt?

....

....

Wie sind die Menschen, die auch diesen Kleidungsstil haben?

....

....

Möchtest Du zu denen dazugehören? Warum?

....

....

Welche Botschaft willst Du mit Deinem Äußeren senden?
Was soll Deine Kleidung Deiner Umwelt mitteilen?

....

....

Welchen Kleidungsstil strebst Du an? Was soll er in Zukunft über Dich aussagen?

....

....

Aussehen, Sprache, Körpersprache bleiben soziale Marker, die wir mit und in uns tragen. Das heißt, dass diese 3 Parameter zeigen, zu wem Du gehörst oder zu welcher Gruppe Du gehören möchtest.

Ausstrahlung

*„Man muss nicht zwingend eine gute Figur haben,
um eine gute Figur zu machen."*
(Thom Renzie, Lehrer, *1959)

Wenn Du mit Dir selbst im Einklang bist, hast Du eine positive Ausstrahlung. Wenn Du Dir selbst vertraust, Akzeptanz und Begeisterung ausstrahlst, dann leuchten Deine Augen. Deine Mitmenschen fühlen sich zu Dir hingezogen. Menschen, die durch ihre Körpersprache und ihr Verhalten zeigen, dass sie mit sich im Reinen sind, ruhen in sich selbst und strahlen dies auch aus. Sie stellen hohe Ansprüche an sich selbst, sind zuversichtlich und verfügen über einen tiefen Glauben an sich selbst. Solche charismatischen Menschen können mit ihrer Ausstrahlung andere Menschen inspirieren.

Was möchtest Du ausstrahlen?

....

....

Frage Deine Mitmenschen, welche Ausstrahlung Du hast.

....

....

Stimmt Deine Ausstrahlung mit Deiner inneren Welt, Deinen inneren Werten überein?

....

....

Wie wirken Menschen auf Dich, die eine ähnliche Ausstrahlung haben?

....

....

Stimmt Deine Ausstrahlung mit Deiner Wunschausstrahlung überein?

....

....

Wenn nicht, was müsstest Du noch ändern?

....

....

Manieren (Verhalten)[17]

> *„Manieren machen uns zu Menschen."*
> (Lebensmotto des Geheimagenten Harry Hart, Filmfigur)

Wenn man gute Manieren hat, bedeutet das, dass man sich an die allgemeingültigen Verhaltensregeln hält. Dazu zählt aufmerksames, hilfsbereites und respektvolles Verhalten gegenüber anderen Menschen sowie eine gepflegte Ausdrucksweise und gute Tischmanieren.

---

17 Vgl.: ebd., S.76 ff.

Welche Manieren sind Dir wichtig (am Tisch, im Umgang mit Mitmenschen)?

....

....

Möchtest Du mehr darüber lernen?

....

....

Wenn ja: Wer in Deinem Bekanntenkreis hat gute Manieren und könnte Dir dabei helfen, sie zu erlernen?

....

....

Bitte ihn oder sie um Hilfe.

....

....

Wohnen

"Wo sich Dein Herz wohlfühlt, ist Dein Zuhause."
(Spruch, unbekannt)

Dein Wohnstil und das, worauf Du beim Wohnen Wert legst, sagen viel über Dich aus. Ob Du ein kuscheliges Zimmer als Rückzugsort brauchst oder einen sehr cleanen Wohnstil bevorzugst, zeigt unter anderem, was Du zum Arbeiten oder Energietanken brauchst und mit welchen Dingen Du Dich gerne umgibst.

Wie würdest Du Deinen Wohnstil beschreiben?

....

....

Was möchtest Du mit Deinem Wohnstil aussagen?

....

....

Wie wohnen die Menschen, zu denen Du gehören möchtest?

....

....

Stimmt das mit Deinem Wohnstil überein?

....

....

Wenn nicht, was müsstest Du noch ändern?

....

....

Kultureller Geschmack

*„Wer in schönen Dingen einen schönen Sinn
entdeckt – der hat Kultur."*
(Oscar Wilde, irischer Lyriker, Dramatiker, 1854 – 1900)

Zu Kultur zählt eigentlich alles, was vom Menschen geschaffen oder gestaltet wird. Das kann Musik, Essen, Kleidung, Wohnen und anderes beinhalten. Auch die Art und Weise, wie das Zusammenleben der Menschen gestaltet ist, gehört dazu. Als Kulturgüter bezeichnet man auch immaterielle Dinge, zum Beispiel Feste und Bräuche.

Welche Musik gefällt Dir?

....
....

Wofür würdest Du Dich noch interessieren?

....
....

Wofür interessieren sich die Menschen, zu denen Du gehören möchtest?

....
....

Was müsste passieren, damit Du auch einmal ins Theater, die Oper oder auf ein klassisches Konzert gehst?

....
....

Was müsste passieren, damit Du auch einmal auf ein Rockkonzert oder Festival gehst?

....

....

Äußerlichkeiten werden oft als Oberflächlichkeiten betrachtet, aber sie sagen viel über den Menschen aus. Menschen tun sich immer gerne mit anderen zusammen, die ähnlich sind. Werde Dir bewusst, zu wem Du gehören willst. Denke immer wieder darüber nach, welcher Mensch Du sein möchtest und welche Ausstrahlung bzw. welches Benehmen dazugehört.

Wie Du auf andere wirkst

„Wie Du kommst gegangen, so wirst Du empfangen."
(Johann Wolfgang von Goethe, dt. Dichter, 1749-1832)

Jeder Mensch muss sich gut verkaufen können. Die Qualität und die Quantität Deiner Leistung bestimmen in hohem Maße darüber, wie erfolgreich Du bist. Auch Deine Einstellung, mit der Du Deine Leistungen erbringst, ist außerordentlich wichtig für Deinen Erfolg. Um Deine Leistungen gut zu vermarkten, musst Du genau diese 3 Voraussetzungen mitbringen. Qualität: Alle Leistungen sollen so gut wie möglich sein. Quantität: Das Leistungsvolumen muss angemessen sein. Einstellung: Sei beim Erbringen der Leistung freundlich.

Welche Einstellung hast Du zu Leistung?

....

....

Was hilft Dir, zu einer zu erbringenden Leistung positiv zu stehen?

....

....

Was hilft Dir, um in eine positive Stimmung zu kommen, wenn Du Leistung erbringen sollst?

....

....

Welche Möglichkeiten siehst Du, mit unerwarteten oder unangenehmen Situationen umzugehen?

....

....

Bist Du ein Teamplayer?

„Wenn du schnell gehen willst, geh allein.
Wenn du weit kommen willst, gehe zusammen."
(Afrikanisches Sprichwort)

Teamgeist ist ein Begriff, der die Fähigkeit beschreibt, in einer Gruppe effektiv und harmonisch zusammenzuarbeiten, um gemeinsame Ziele zu erreichen. Zusammenhalt, Vertrauen, Kommunikation und gegenseitige Unterstützung sind dabei wichtige Aspekte. Um ein Team anzuführen, brauchst Du diese Fähigkeiten. Wenn Du mehrere Menschen benötigst, die Dich bei der Umsetzung Deiner Ziele unterstützen sollen, musst Du diese Eigenschaften besitzen.

Wie wichtig ist Dir Zusammenhalt?

Gar nicht   Sehr

   1   2   3   4   5   6   7   8   9   10

Warum?

....
....

Wie wichtig ist Dir Vertrauen?

Gar nicht   Sehr

   1   2   3   4   5   6   7   8   9   10

Warum?

....
....

Wie wichtig ist es Dir, Dich mit anderen auszutauschen?

Gar nicht   Sehr

   1   2   3   4   5   6   7   8   9   10

Warum?

....
....

Wie wichtig ist es Dir, sich gegenseitig zu unterstützen?

Gar nicht   Sehr

1   2   3   4   5   6   7   8   9   10

Warum?

....

....

Die folgenden Abschnitte greifen die auf den vorangehenden Seiten stehenden Aspekte nochmals genauer auf.

Selbstvertrauen

> „Wenn es einen Glauben gibt, der Berge versetzen kann,
> so ist es der Glaube an die eigene Kraft."
> (Marie von Ebner-Eschenbach, österr.
> Schriftstellerin, 1830-1916)

Selbstvertrauen ist das Vertrauen in die eigenen Fertigkeiten und Fähigkeiten sowie das Vertrauen in die eigene Art und Weise, mit Problemen umzugehen.

Wie hoch ist Dein Selbstvertrauen?

Niedrig   Hoch

1   2   3   4   5   6   7   8   9   10

Welchen Deiner Fähigkeiten und Fertigkeiten vertraust Du?

....

....

Welche Fähigkeiten solltest Du noch verbessern oder ausbauen?

....

....

Selbstbeherrschung

> *„Gelassen bleiben und lächeln ist*
> *die hohe Kunst der Selbstbeherrschung."*
> (Autor unbekannt)

Selbstbeherrschung meint die Kontrolle über Dich selbst, das heißt über Deine Gefühle und Deine Schwächen. Es ist meistens nicht von Vorteil, wenn Du in einer Situation zu schnell Deinen Gefühlen freien Lauf lässt und zum Beispiel lospolterst, wenn Dir etwas nicht passt.

Wie hoch ist Deine Selbstkontrolle?

Niedrig   Hoch

   1   2   3   4   5   6   7   8   9   10

Was bringt Dich aus dem Zustand der Selbstkontrolle?

....

....

Was hilft Dir, die Kontrolle über Dich wieder zu bekommen?

....

....

Was kannst Du dafür tun, um sie auszubauen?

....

....

Gerechtigkeitssinn

> *„Wer Liebe und Gerechtigkeit übt, der findet das Leben;
> ein solcher Mensch erntet Anerkennung und Ehre."*
> (Spr 21,21)

Der Gerechtigkeitssinn ist das Gespür dafür zu wissen, was gerecht ist, wie etwas gerecht zugehen sollte und wie man aus dieser Ansicht heraus entsprechend handelt.

Wie hoch schätzt Du Deinen Gerechtigkeitssinn ein?

Niedrig   Hoch

1   2   3   4   5   6   7   8   9   10

Wie sehr leidest Du unter Ungerechtigkeiten?

Gar nicht   Sehr

1   2   3   4   5   6   7   8   9   10

Was tust Du, wenn Du Dich ungerecht behandelt fühlst?
....
....

Warum?
....
....

Was tust Du, wenn jemand anderes ungerecht behandelt wird?
....
....

Warum?
....
....

Entschlossenheit

> *„Ausdauer und Entschlossenheit sind zwei Eigenschaften,*
> *die bei jedem Unternehmen den Erfolg sichern."*
> (Leo Tolstoi, russ. Schriftsteller, 1828-1910)

Wer entschlossen ist, geht sicher und willensstark auf ein ausgemachtes Ziel zu. Hinter Entschlossenheit steht ein fester Wille, denn Du bist von einer Sache zutiefst überzeugt. Du setzt Prioritäten und verlierst Dein Ziel trotz Ablenkungen nicht aus den Augen. Entschlossenheit ist notwendig, wenn Du ein Dir gestecktes Ziel erreichen willst, denn es gibt immer Menschen oder Situationen bzw. Umstände, die Dich von Deinem Ziel abbringen können.

Wie hoch schätzt Du Deine Entschlossenheit ein?

Niedrig   Hoch

1   2   3   4   5   6   7   8   9   10

Wie reagierst Du, wenn Du von einer Sache überzeugt bist und Dich jemand davon abbringen will?

....

....

Kannst Du andere gut von Deinen Ideen überzeugen?

Nein   Ja

1   2   3   4   5   6   7   8   9   10

Wenn ja, auf welche Weise tust Du das? Wenn nein, woran, glaubst Du, liegt das?

....

....

Charakterfestigkeit

„Charakter ist das, was vom Menschen übrig bleibt, wenn es unbequem wird."
(Spruch, unbekannt)

Wer charakterfest ist, ist nicht käuflich. Er oder sie folgt bestimmten Prinzipien und bleibt ihnen auch in schwierigen Situationen treu, selbst wenn dies für die Person bedeutet, Nachteile einstecken zu müssen. Wer charakterfest ist, wird positiv bewertet. Er oder sie verhält sich konsequent und ist damit eine verlässliche Person, der man vertrauen kann.

Wie wichtig ist es Dir, dass Du Dich auf Deine Mitmenschen verlassen kannst?

Gar nicht　　　　　　　　　　　　　　　　　　　Sehr

1　2　3　4　5　6　7　8　9　10

Warum?

....

....

Bist Du prinzipientreu?

Gar nicht　　　　　　　　　　　　　　　　　　　Sehr

1　2　3　4　5　6　7　8　9　10

Warum?

....

....

Wie hoch schätzt Du Deine Charakterfestigkeit?

Niedrig   Hoch

1   2   3   4   5   6   7   8   9   10

Warum?

....

....

Was würde Dir helfen, was könntest Du tun, um Deine Charakterfestigkeit zu stärken?

....

....

Einfühlungsvermögen

> *„Empathie bedeutet:*
> *Mit den Augen des anderen zu sehen,*
> *mit den Ohren des anderen zu hören,*
> *mit dem Herzen des anderen zu fühlen."*
> (Sprichwort)

Einfühlungsvermögen oder Empathie ist die Fähigkeit und Bereitschaft, die Empfindungen, Emotionen, Gedanken, Motive und Persönlichkeitsmerkmale einer anderen Person zu erkennen, zu verstehen und nachzuempfinden. Ein empathischer Mensch sieht, wie es der Person gegenüber geht, und passt seine Handlungen dementsprechend an. Das heißt, wenn Du eine traurige Person siehst, handelst Du empathisch, wenn Du ihr zuhörst, echtes Interesse an ihrer Trauer zeigst und nicht von Deinen Belanglosigkeiten des Tages erzählst. Empathie kann aber auch bedeuten, sich mit jemandem zu freuen und seine eigenen Sorgen in den Hintergrund stellen.

Wie sehr interessierst Du Dich für die Gefühle anderer Menschen?

Gar nicht   Sehr

1   2   3   4   5   6   7   8   9   10

Warum?

....

....

Wie gut kannst Du zuhören?

Gar nicht   Sehr

1   2   3   4   5   6   7   8   9   10

Warum?

....

....

Wie leicht kannst Du Dich in eine andere Person hineinversetzen?

Gar nicht   Sehr

1   2   3   4   5   6   7   8   9   10

Warum?

....

....

Wie wichtig ist es Dir, dass andere Menschen Deine Gefühle nachempfinden können?

Gar nicht   Sehr

1   2   3   4   5   6   7   8   9   10

Warum?

....

....

Wie hoch schätzt Du Dein Einfühlungsvermögen ein?

Niedrig   Hoch

1   2   3   4   5   6   7   8   9   10

Frage auch einmal Deine Mitmenschen, wie sie Dich in diesen Bereichen einschätzen.

Verantwortungsbereitschaft

*„Wer Autorität hat, fällt Entscheidungen,
wer Verantwortung hat, trägt Konsequenzen."*
(Monika Kühn-Görg, dt. Autorin, *1942)

Wer verantwortungsbereit ist, trifft Entscheidungen eher selbstständig und trägt auch die dadurch entstandenen Konsequenzen. Auch Pflichtbewusstsein und das Pflichtgefühl spielen in diesem Zusammenhang eine große Rolle. Dem gegenüber stehen Menschen, die Entscheidungen eher nach Rücksprache treffen, um sich abzusichern und nicht allein verantwortlich zu sein.

Wie gut kannst Du Entscheidungen treffen?

Gar nicht   Sehr gut

1   2   3   4   5   6   7   8   9   10

Wie gerne übernimmst Du Verantwortung?

Gar nicht   Sehr

1   2   3   4   5   6   7   8   9   10

Warum?

....
....

Wie schwer fällt es Dir, bei Gegenwind zu Deiner Entscheidung zu stehen?

Gar nicht   Sehr

1   2   3   4   5   6   7   8   9   10

Warum?

....

....

Wie hoch schätzt Du Deine Verantwortungsbereitschaft ein?

Niedrig   Hoch

1   2   3   4   5   6   7   8   9   10

Teamgeist

„In der langen Geschichte der Menschheit (und auch der Tiere) haben sich diejenigen durchgesetzt, die gelernt haben, zusammenzuarbeiten und am effektivsten zu improvisieren."
(Charles Darwin, brit. Naturforscher, 1809-1882)

Du kannst allein sehr klug und intelligent sein, aber Du wirst nie die Dinge von allen Seiten sehen können. Dazu brauchst Du andere Menschen. Im Team bist Du wesentlich stärker als allein. Ein Team schafft Zusammengehörigkeit, denn man geht partnerschaftlich und kameradschaftlich miteinander um. Wer Teamgeist besitzt, trägt zu einem Zusammengehörigkeitsgefühl bei. In einem Team herrscht gegenseitiges Vertrauen.

Wie gerne arbeitest Du im Team?

Gar nicht   Sehr

1   2   3   4   5   6   7   8   9   10

Warum?

....

....

Wie gut kannst Du anderen Menschen vertrauen?

Gar nicht   Sehr

1   2   3   4   5   6   7   8   9   10

Warum?

....

....

In welcher Situation/welchen Situationen empfindest Du Zugehörigkeit?

....

....

Wie hoch schätzt Du Deine Teamfähigkeit ein?

Niedrig   Hoch

1   2   3   4   5   6   7   8   9   10

8. Was ist für Dich Erfolg?

„Habe keine Angst, das Gute aufzugeben,
um das Großartige zu erreichen."
(John D. Rockefeller, amerikan. Unternehmer, 1839-1937)

Wenn Du Dir ein Ziel setzt und dieses erreichst, bist Du erfolgreich.
Erfolg ist also kein Zufall. Ihm geht vielmehr etwas voraus: Zuerst musst Du Dir etwas vornehmen, ein Ziel setzen, das Du erreichen willst. Erst wenn Du weißt, wohin Du gehen willst, kannst Du das auch erreichen.
Jeder Mensch definiert Erfolg anders, weil für jeden Menschen etwas anderes wichtig und erstrebenswert ist. Für den einen sind gute Zensuren Erfolg, für den anderen ein guter Freundeskreis.

Entscheide Dich in jeder Zeile für den Begriff, der Dich spontan mehr anspricht[18]:

Luxus	Unabhängigkeit
Stärke	Im Rampenlicht stehen
Gemeinschaft	Kreativität
Lebensqualität	Sinn des Lebens

Nummeriere die 4 Begriffe jetzt nach der Wichtigkeit, die Du ihnen persönlich beimisst und streiche anschließend Nummer 4.

Das sind die Aspekte, anhand derer Du für Dich Erfolg definierst.

---

18 Vgl.: ebd., S.117 ff.

Die Bildungs- und Berufswahl wird oft von Vernunftaspekten geleitet. In welchem Berufsfeld/in welchen Berufsfeldern lassen sich Deine Erfolgsaspekte verwirklichen?

....

....

Verhaltensmuster

Es ist wichtig, über seine Verhaltensmuster nachzudenken, da sie einen auf dem Weg zum Ziel fördern oder behindern können. Verhaltensmuster umfassen Dein Auftreten, Benehmen, Handeln und Verhalten. Denke nun darüber nach, welche Verhaltensmuster Du befolgen musst, um den für Dich definierten Erfolg zu erreichen.

....

....

Und nun denke darüber nach, welche Verhaltensmuster Du befolgst, die nur unzureichend Deine Interessen und Träume abbilden, das heißt, die eher hinderlich sind. Dazu zählt zum Beispiel das ständige Aufschieben von zu erledigenden Aufgaben oder häufiges Zuspätkommen.

....

....

Folgende Fragen standen bereits an einer früheren Stelle in diesem Buch. Beantworte sie nun noch einmal mit Deinem Wissen aus Deiner Selbstanalyse.

Was macht Dich in Deinem Leben momentan glücklich?

....

....

Was begeistert Dich derzeit in Deinem Leben?

....

....

Worauf bist Du momentan in Deinem Leben stolz?

....

....

Wofür bist Du momentan in Deinem Leben dankbar?

....

....

Was genießt Du momentan in Deinem Leben am meisten?

....

....

Wofür setzt Du Dich momentan in Deinem Leben ein?

....

....

Wie kannst Du die kommende Woche so nutzen, dass sie Dich Deinen Zukunftsplänen näherbringt?

....

....

Das Einzige, was Dir Grenzen setzt, ist Deine Überzeugung und Deine innere Einstellung. Immer nur Fragen zu stellen, bringt Dich jedoch nicht ans Ziel. Irgendwann musst Du anfangen zu handeln.

9. Resümee

„*Das entscheidende am Wissen ist,
dass man es beherzigt anwendet.*"
(Konfuzius, chines. Philosoph, vermutlich 551-479 v. Chr.)

Auf den vorangegangenen Seiten hast Du viel über Dich selbst nachgedacht. Vielleicht hast Du Neues an Dir entdeckt oder gemerkt, wo Du Dich noch weiterentwickeln könntest. Es ist wichtig, dass Du weißt, wo Deine Stärken und Schwächen liegen, was Du gerne tust und was Dir im Leben etwas bedeutet. Denn dadurch erfährst Du, wo Du einmal hinmöchtest und was für Dich in Deinem Leben dazugehören muss.

Zu wissen, wo Dein Potenzial liegt, zeigt Dir auch, in welchen Bereichen Du etwas erreichen kannst. Wenn Du Deine momentane Situation kennst und in Dich reinfühlst und reinhörst, ob sie gut für Dich ist oder ob Du daran etwas ändern willst, kann Dir dies ein Ansporn sein. Entweder willst Du die Situation für Dich so erhalten oder Du willst Dich in eine andere Richtung entwickeln. Ganz wichtig ist dabei immer, dass Du bei Dir bleibst. Andere Menschen sehen vielleicht in anderen Aspekten die für sie wichtige Lebensqualität. Für einige ist es ein großer Genuss, ein gutes Buch zu lesen, für andere eine Qual. Nur wenn Du ehrlich zu Dir selbst bist, kannst Du Deinen Weg herausfinden, den Weg, der wirklich zu Dir passt und Dich zu dem Leben führt, das Dich zufrieden macht.

Auch der Blick auf das Umfeld, in dem Du Dich gerade bewegst, ist wichtig. Manchmal umgibt man sich mit Menschen, die einem eher schaden und einen bei dem, was man anstrebt, behindern. Deshalb musst Du Dir auch darüber Gedanken machen, wer Dich auf Deinem Weg unterstützt, sei es durch Handlungen, Gespräche oder einfach mental. Welche Menschen stärken Dich bei Deinem Streben? All dies zu wissen, ist erforderlich, um den weiteren Schritt zu gehen, nämlich Deine Ziele zu erkennen und zu benennen.

Teil II

Gestalte Deine Zukunft

I. Einführung

Nachdem Du nun durch viele Fragen herausgefunden hast, wo Deine Stärken liegen und welche Eigenschaften Du vielleicht noch entwickeln möchtest oder wo Du einmal stehen willst, geht es nun darum zu klären, welche Werte Dir wichtig sind und nach welchen Regeln Du leben möchtest. Wenn Du das weißt, werden in Dir auch Wünsche aufkommen, die mit diesen Maßstäben übereinstimmen. Daraus kannst Du dann Deine Ziele ableiten. Diese müssen nicht riesengroß sein. Wahrscheinlich wirst Du am Ende immer noch nicht genau wissen, wie Dein Leben detailliert verlaufen soll, aber darum geht es auch nicht. Erst einmal geht es um das Finden kleinerer Ziele und das Gestalten kleinerer Etappen. Vielleicht befindest Du Dich gerade in einer Phase, in der Du so gar nicht weißt, wie es weitergehen soll. Da sind kleine Ziele, die Dir sinnvoll erscheinen und die Dir zu erreichen auch Spaß machen, sehr hilfreich. Sie geben Dir Halt und können Dir den Weg zu größeren Zielen zeigen.

Wenn Du zum Beispiel momentan sehr viele Rückzugsräume brauchst und diese in der Meditation, im Zeichnen oder in der Musik findest, kannst Du Dir in diesem Rahmen Ziele setzen, die Dich eventuell zu einem Berufswunsch führen, weil Du diese positiven Erfahrungen gerne teilen und weitergeben möchtest.

Mach Dich nun also weiter auf den Weg und finde heraus, wie Du das, was Du im ersten Abschnitt über Dich gelernt hast, für Deine Zukunft nutzen kannst und wie es Dir den weiteren Weg zeigen soll.

Kläre Deine Werte und Regeln

2. Welche Werte sind Dir wichtig?

> *„Dinge haben nur den Wert, den wir ihnen geben."*
> (Molière, frz. Dramatiker und Theaterschauspieler, 1622-1673)

Werte sind etwas Positives, etwas, das wir als erstrebenswert und moralisch gut erachten. Werte sind tief verwurzelte Überzeugungen, Einstellungen, Ideale und Bedürfnisse. Gleiche Werte sind wichtig für eine Gemeinschaft, sei es eine Freundschaft, die Familie oder die Gesellschaft. Durch gemeinsame Werte entsteht ein Gemeinschaftsgefühl zwischen Menschen. Wenn Du weißt, welche Werte Dir wichtig sind und welchen Regeln Du folgen möchtest, hast Du Deinen persönlichen Kompass gefunden.[19] Allerdings können sich Werte und Regeln im Laufe eines Lebens verändern. Was Dir als Kind wichtig war, muss Dir jetzt nicht mehr unbedingt wichtig sein. Kindern ist es zum Beispiel wichtig, dass sie mit ihren Freundinnen und Freunden weitestgehend gleicher Meinung sind. Je älter man wird, desto mehr merkt man, dass man nicht unbedingt in allem einer Meinung sein muss, um gut befreundet zu sein. Unterschiedliche Ansichten können sogar den eigenen Horizont erweitern.

Was sind Deine 3 wichtigsten Werte oder Regeln, nach denen Du momentan lebst (zum Beispiel Zeit haben für die Menschen, die Dir am wichtigsten sind)?

---

19 Vgl.: T. Robbins: Wie aus kleinen Veränderungen große Unterschiede werden, FBV, 2017, S.261 ff.

1. ....

Warum? ....
....

2. ....

Warum? ....
....

3. ....

Warum? ....
....

Es gibt positive und negative Werte. Je nachdem, wie der Wert beschaffen ist, nach dem Du lebst, kommst Du in einen emotionalen Zustand, den Du entweder für erstrebenswert erachtest oder den Du vermeiden möchtest. Wenn Du zum Beispiel „Sicherheit" als sehr hohen Wert siehst, wirst Du wahrscheinlich nicht unbedingt in Regionen verreisen, in denen Du Dich nicht auskennst, oder Du wirst zumindest dafür sorgen, dass Du nicht allein unterwegs bist.

Jeder Mensch strebt nach einem angenehmen Gefühlszustand. Daher leben viele Menschen nach folgenden Werten: Liebe, Freude, Freiheit, Sicherheit, Leidenschaft, Zufriedenheit ...[20] Es gibt auch Verhaltensweisen, die einen schmerzvollen Gefühlszustand auslösen: Zurückweisung, Niedergeschlagenheit, Einsamkeit ... Diese Zustände versuchen wir möglichst zu vermeiden.

---

20 Vgl.: ebd., S.269

Welches angenehme Gefühl findest Du besonders erstrebenswert?

....

....

Warum?

....

....

Welches unangenehme Gefühl würdest Du auf jeden Fall vermeiden wollen?

....

....

Warum?

....

....

Wie gehst Du mit unangenehmen Gefühlen um?

....

....

Wertekonflikte[21]

"Die einzige Person, die für Dein Glück zuständig ist, bist Du selbst."
(Verfasser unbekannt)

Deinen Weg zu gehen und Dich dafür zu entschließen, bestimmte Entscheidungen zu treffen, ist nichts anderes als das Klären von Werten. Du musst wissen, welcher Wert/welche Werte Dir am wichtigsten sind, um Wertekonflikte aufzudecken, von denen Du eventuell blockiert wirst. Falls Du Dich in einem solchen Konflikt befindest, kannst Du ihn in 2 Schritten lösen. Zunächst musst Du den Konflikt wahrnehmen, das heißt auch klären, welche Werte gegeneinander arbeiten. Zum Beispiel sind Pünktlichkeit und Hilfsbereitschaft für Dich sehr wichtige Werte. Wenn Dich jemand zu einem Zeitpunkt um etwas bittet, in dem Du unter Zeitdruck stehst, befindest Du Dich in einem Dilemma. Was nun? Welcher Wert ist Dir wichtiger?

Nachdem Du geklärt hast, welche Werte sich gegenüberstehen, musst Du Dich bewusst für einen Wert und gegen den anderen entscheiden. Ich habe zum Beispiel bis vor ein paar Jahren immer versucht, alle Aufgaben, die auf mich zukamen, sofort zu erledigen, ohne darüber nachzudenken, was ich vielleicht auch später erledigen könnte. Das Resultat war ein Burn-out, das heißt, ich habe das Pflichtbewusstsein über meine Gesundheit gestellt. Jetzt habe ich gelernt, dass ich, wenn wieder viel auf meinem Schreibtisch liegt, erst darüber nachdenke, was wirklich sofort erledigt werden muss und was noch Zeit hat. Dadurch geht es meiner Gesundheit und damit mir besser und ich bleibe „einsatzfähig".

---

21 Vgl.: ebd., S.261 ff.

Hattest Du einmal das Gefühl, von einem Wert zu etwas gedrängt zu werden? Beschreibe die Situation.

....

....

Hattest Du einmal das Gefühl, von einem Wert zurückgehalten zu werden? Zum Beispiel durch eine zu große Rücksichtnahme auf andere, indem Du auf etwas verzichtet hast, was Du gerne gehabt hättest, aber anderen den Vortritt gelassen hast. Danach ging es Dir nicht gut, Du warst traurig und hast es bereut. Beschreibe die Situation.

....

....

Gefühlszustände[22]

„Du kannst Deine Augen schließen, wenn Du etwas nicht sehen willst, aber Du kannst nicht Dein Herz verschließen, wenn Du etwas nicht fühlen willst."
(Johnny Depp, amerikanischer Schauspieler, *1963)

Beim Treffen von Entscheidungen wägst Du ab, ob Dein Handeln einen positiven oder negativen Gefühlszustand herbeiführen wird. Wir streben vor allem einen positiven Gefühlszustand an. Dies ist zugleich die treibende Kraft hinter dem Treffen von Entscheidungen. Es gibt Werte, die durchaus erstrebenswert erscheinen und einen bestimmten Zweck erfüllen können: Geld, berufliche Stellung, akademischer Grad (Ausbildung), Kinder, Beziehungen ...

---

22 Vg.: T. Robbins: Das Robbins Power Prinzip, Allegria, 2004, S.290 ff.

Trotzdem kann man nach Erreichen dieser Werte immer noch unglücklich sein. Solange diese Werte nicht mit den inneren Werten übereinstimmen, nach denen Du eigentlich leben willst (siehe oben), wirst Du nicht die Erfüllung und Zufriedenheit erlangen, die Dir eigentlich zustehen. Wenn Du zum Beispiel eine hohe berufliche Stellung erreicht hast, Du aber für Freundinnen, Freunde und Familie, Menschen, die Dir unendlich wichtig sind, nicht mehr die angemessene Zeit findest, bist Du weder zufrieden noch glücklich.

Im Folgenden stehen 10 Werte, die positive Emotionen auslösen. Lege eine Reihenfolge fest, wobei auf erster Stelle der am höchsten eingestufte Gefühlszustand steht:

	Liebe		Gesundheit
	Erfolg		Luxus
	Freiheit		Leidenschaft
	Harmonie		Macht
	Sicherheit		Abenteuer

Was ist Dein wichtigster Wert und warum?

....

....

Welchem Wert misst Du die geringste Bedeutung zu und warum?

....

....

Im Folgenden stehen 8 Werte, die negative Emotionen auslösen. Lege eine Reihenfolge fest, wobei auf erster Stelle der am negativsten eingestufte Gefühlszustand steht:

	Ablehnung		Schuld
	Wut		Diskriminierung
	Frustration		Versagen
	Einsamkeit		Traurigkeit

Welcher Wert ist für Dich der schlimmste und warum?

....

....

3. Untersuche die Regeln, nach denen Du lebst[23]

Unzufriedenheit

„*Der unzufriedene Mensch findet keinen bequemen Stuhl.*"
(Benjamin Franklin, Gründervater der
Vereinigten Staaten, 1706-1790)

Unzufriedenheit ist ein Gefühl, das sich durch Unruhe, Konzentrationsstörungen, schlechte Laune und auch Aggressionen sichtbar macht. In diesem Zustand ist man oft unentspannt, mürrisch, unausgeglichen, frustriert und gereizt. Jeder Mensch ist irgendwann einmal unzufrieden. Es ist wichtig, diesen Zustand erst einmal anzuerkennen, um dann den Weg heraus selbst in die Hand zu nehmen und wieder positive Emotionen zu empfinden.

Beschreibe Deine derzeitige Situation.

....
....

Wie fühlst Du Dich?

....
....

---

23 Vgl.: T. Robbins: Wie aus kleinen Veränderungen große Unterschiede werden, FBV, 2017, S.133 ff.

Was beeinflusst Dein Leben?

....

....

Wovon fühlst Du Dich abhängig?

....

....

Auf einer Skala von 1 bis 10, wie unzufrieden bist Du mit Deiner derzeitigen Situation?

Unzufrieden   Zufrieden

  1   2   3   4   5   6   7   8   9   10

Resultiert Deine Unzufriedenheit aus einer Situation? Wenn ja, aus welcher?

....

....

Nach welchen Regeln lebst Du (zum Beispiel willst Du alle um Dich herum zufriedenstellen)? Nenne die 3 wichtigsten Regeln:

Regel 1 ....

Warum? ....

....

Regel 2 ....

Warum? ....
....

Regel 3 ....

Warum? ....
....

Resultiert Deine Unzufriedenheit aus Deinen Regeln, die Dir vorgeben, wie Du Dich zu fühlen bzw. zu verhalten hast? Wenn ja, aus welchen?

....
....

Im nächsten Abschnitt geht es nochmals darum, Deine Regeln untersuchen, denn wenn es eine oder mehr Regeln gibt, die Dich unzufrieden machen, ist es wichtig dass Du sie jetzt änderst. Du musst sie so umformulieren, dass sie machbar werden.

Neue Regeln[24]

*„Ausnahmen sind nicht immer Bestätigung der alten Regel.
Sie können auch Vorboten einer neuen Regel sein."*
(Marie von Ebner-Eschenbach,
österreichische Schriftstellerin, 1830-1916)

Es ist wichtig, dass Du Deine Regeln untersuchst, damit Du sie ändern kannst, wenn sie eine Ursache Deiner eventuellen Unzufriedenheit sind. Wenn es eine oder mehr Regeln gibt, die ein unzufriedenes Gefühl bei Dir hinterlassen, ändere sie jetzt, indem Du sie so umformulierst, dass sie machbar werden.

Beispiel:

Alte Regel: Alle Aufgaben, die ich an einem Tag aufbekomme, muss ich auch an diesem Tag erledigen.
Neue Regel: Ich erledige zuerst die Aufgaben, die wirklich dringend sind und so schnell wie möglich erledigt werden müssen. Nur wenn ich dann noch Zeit und Kraft habe, erledige ich auch die anderen Dinge.

Alte Regel: ....
....
Neue Regel: ....
....

Alte Regel: ....
....

---

24 Vgl.: ebd., S.133 ff.

Neue Regel: ....

....

Alte Regel: ....

....

Neue Regel: ....

....

Oft hat man unzählige Wege geschaffen, um sich schlecht zu fühlen, und nur wenige, um sich gut zu fühlen. Gibt es vielleicht eine oder mehrere Regeln, an denen Du festhältst, die in der Vergangenheit hilfreich waren, aber in der Gegenwart schaden? (Zum Beispiel: Nur wer in allen Überzeugungen mit mir übereinstimmt, ist mein Freund/meine Freundin.)

Schreibe hier diese Regeln auf.

Regel 1 ....

....

Regel 2 ....

....

Regel 3 ....

....

Regel 4 ....

....

Regel 5 ....
....

Streiche nun die Regeln, die Du für überflüssig erachtest. Formuliere anschließend die anderen Regeln so um, dass sie Dir helfen und Dich nicht unter unnötigen Druck setzen.

Beispiel: Ich muss nicht in allen Dingen mit meinen Freunden und Freundinnen die gleiche Meinung haben, um mit ihnen befreundet zu sein.

....
....

Erfolgsregeln

„Menschliche Beziehungen basieren auf der richtigen Kommunikation."
(Kirstin Vogel, Kommunikationstrainerin, Businesscoach, *1967)

Wie Du oben schon bemerkt hast, können Dich Regeln schwächen und unzufrieden machen. Daher sollten sie in einem solchen Fall ausgetauscht werden. Tausche sie aus,

- wenn Du sie unmöglich erfüllen kannst (zum Beispiel: Ich will immer für andere da sein).
- wenn etwas, das Du nicht kontrollieren kannst, bestimmt, ob Du die Regel erfüllst (zum Beispiel: Ich will von jedem gemocht werden, daher sollen Menschen immer positiv auf mich reagieren, nur dann bin ich glücklich).
- wenn sie Dir nur wenige Möglichkeiten lassen, glücklich zu sein, aber viele Wege, um Dich schlecht zu fühlen (zum Beispiel: Ich kann nur glücklich sein, wenn mir immer wieder gesagt wird, wie gut ich aussehe).

Du musst die Kontrolle über Deine Regeln übernehmen, denn wenn Du Dich von Regeln leiten lässt, die Dir nicht guttun, kannst Du nicht zufrieden sein und wirst unglücklich!

Woran erkennst Du, dass Du erfolgreich bist?

....

....

Was ist nötig, damit Du Dich erfolgreich fühlst?

....

....

Was muss passieren, damit Du Dich glücklich fühlst?

....

....

Was muss passieren, damit Du Dich sicher fühlst?

....

....

Was brauchst Du, damit Du Dich geliebt fühlst?

....

....

Was ist nötig, damit Du Dich selbstsicher fühlst?

....

....

Was ist nötig, damit Du das Gefühl hast, großartig zu sein?

....

....

Was ist Dir wichtiger: Deine wichtigsten Regeln oder Deine Beziehung zu Menschen?

....

....

Warum?

....

....

Es ist wichtig, dass Deine Mitmenschen Deine Regeln kennen. Du musst sie ihnen klar kommunizieren, denn wenn Du dies nicht tust, kann Deine Umgebung immer wieder Deine Regeln verletzen. Das führt dazu, dass Du Dich schlecht fühlst. Nur wenn die anderen Deine Regeln auch kennen, können sie diese auch respektieren. Im Laufe Deines Lebens wirst Du merken, dass sich manche Regeln ändern können. Auch das musst Du Deinen Mitmenschen mitteilen.

Prioritäten setzen

*„Die meisten Menschen sind so glücklich,
wie sie es sich vorgenommen haben."*
(Abraham Lincoln, 16. Präsident der
Vereinigten Staaten,1809-1865)

Deine Werte werden Dir helfen, den Weg weiterzugehen, den Du in Richtung Deines Zieles festgelegt hast. Verinnerliche diese Werte und sei Dir ihrer während des ganzen Tages bewusst.

Welche Werte müsstest Du haben, um Dein allerhöchstes Ziel zu erreichen?

....
....

Welche Werte müsstest Du haben, um ein großartiger Mensch zu sein?

....
....

Welche Werte müsstest Du haben, um in Deinem Leben so viel wie möglich zu bewirken?

....
....

Was muss passieren, damit Du Dich gut fühlst?

....
....

Wie wichtig ist es Dir, umarmt oder geliebt zu werden oder gesagt zu bekommen, wie sehr man Dich schätzt?

Unwichtig							Sehr wichtig

1	2	3	4	5	6	7	8	9	10

Warum?

....

....

Wie wichtig ist es Dir, 1 000 000 € zu verdienen?

Unwichtig							Sehr wichtig

1	2	3	4	5	6	7	8	9	10

Warum?

....

....

Wie wichtig ist es Dir, von einer Dir vorgesetzten Person (zum Beispiel Lehrer/Lehrerin, Chef/Chefin) gelobt werden?

Unwichtig							Sehr wichtig

1	2	3	4	5	6	7	8	9	10

Warum?

....

....

Wie wichtig ist es Dir, ein tolles Auto fahren?

Unwichtig   Sehr wichtig

  1   2   3   4   5   6   7   8   9   10

Warum?

....

....

Wahrscheinlich glaubst Du, dass einiges passieren muss, damit Du Dich gut fühlst. Die Wahrheit ist aber: Es muss nichts passieren, damit Du Dich gut fühlst, denn Du kannst Dich jetzt sofort dazu entscheiden![25]

Die einzige Person, die dafür sorgen kann, dass es Dir gut geht, und die entscheiden kann, ob Du Dich gut fühlst, bist Du! Worauf wartest Du also noch? Fühl Dich gut!

---

25 Ebd., S.72 ff.

4. Finde die Regeln, die Dich glücklich machen

> „Man kann Prinzipien aufstellen wie
> Wegweiser oder wie Galgen."
> (Hans Kasper, dt. Schriftsteller, 1916-1990)

Es ist wichtig, dass Du Deine Regeln, nach denen Du leben willst, klar formulierst. Wenn Du Deine Regeln mit „Ich sollte nicht" beginnst, wirst Du sie oft brechen, weil sie Dir vermitteln, dass es auch irgendwie anders geht.[26] Wenn Du sagst: „Ich sollte nicht so viel Geld ausgeben", schwingt immer gleich ein Nachsatz mit, zum Beispiel: „Aber ich kann nicht anders, es macht einfach zu viel Spaß."

Wenn Du Deine Regeln mit „Ich würde nie" beginnen lässt, wirst Du sie kaum brechen, weil es sich so anfühlt, als würdest Du Dich selbst hintergehen, als würdest Du Deine Werte verraten (zum Beispiel: „Ich würde nie zu viel Geld ausgeben, weil ich immer ein Polster für Unvorhergesehenes brauche."). Formuliere nun Deine neuen Regeln so, dass sie von einer „Soll-Regel" in eine „Würde Nie-Regel" geändert werden.

Habe Spaß beim Überlegen der neuen Lebensregeln, dann wird es Dir leicht fallen, sie einzuhalten!

Formuliere hier noch einmal Deine 3 wichtigsten Regeln so, dass Du sie auch nicht brechen wirst:

1. ....
....

2. ....
....

---

[26] Vgl.: T. Robbins: Das Robbins Power Prinzip, Allegria, 2004, S.392 ff.

3. ....
....

Glücklich sein

> *„Wer ist glücklich? Wer Gesundheit,*
> *Zufriedenheit und Bildung in sich vereinigt."*
> (Thales von Milet, griech. Philosoph,
> Mathematiker, ca. 624–547 v. Chr.)

Glücklich sein – diesen Zustand streben wir alle an. Wie der oben genannte Spruch besagt, hängt dieses Gefühl mit einigen anderen Emotionen zusammen. Wenn wir uns nicht gesund fühlen, dann können wir kaum etwas so richtig genießen. Daher ist es auch wichtig, dass Du etwas für Deine Gesundheit tust.

Wie gesund fühlst Du Dich?

Gar nicht   Sehr

1   2   3   4   5   6   7   8   9   10

Was fehlt Dir, um Dich als vollständig fit und gesund zu fühlen?
....
....

Was kannst Du tun, um Dich als vollständig gesund und fit zu fühlen?
....
....

Auch Zufriedenheit ist ein Wert, der uns innere Gelassenheit, Ruhe und Stärke verleiht. Wenn Du zufrieden bist, schaust Du mehr darauf, was Du schon erreicht hast und was Du schon besitzt, als auf all das zu achten, was Dir noch fehlt.

Wie zufrieden bist Du mit Deiner momentanen Situation?

Gar nicht   Sehr

1   2   3   4   5   6   7   8   9   10

Gibt es etwas, das Dich immer wieder unzufrieden macht? Wenn ja, was?

....

....

Was brauchst Du, um zufrieden zu sein?

....

....

Ein bisschen Unzufriedenheit ist übrigens nicht schlecht, denn sie bringt Dich dazu, weiterzukommen und nicht an dem Punkt stehen zu bleiben, an dem Du gerade bist.

Deine Bildung
Auch Bildung spielt im Zusammenhang mit Glück eine große Rolle. Durch sie bekommst Du einen anderen Blick auf die Dinge und kannst sie in Relation und Zusammenhänge setzen. Wer gebildet ist, findet auch immer wieder Lösungswege aus schwierigen Situationen.

Wie schätzt Du Deinen Bildungsstand ein?

Niedrig **Hoch**

1 2 3 4 5 6 7 8 9 10

Was kannst Du dafür tun, um zu mehr Bildung zu gelangen?

....

....

Richte Dir täglich oder wöchentlich ein Zeitfenster ein, in dem Du etwas für Deine Bildung tust (zum Beispiel jeden Tag von 19 bis 20 Uhr lesen).

Wenn Du Dich weitestgehend gesund und zufrieden fühlst und etwas für Deine Bildung tust, dann wirst Du Dich wahrscheinlich auch glücklich fühlen. Aus diesem Glückszustand kannst Du Dich nun auch für Deine Umwelt öffnen und Dich für sie interessieren. Je mehr Du das Gefühl hast, dass Deine Beiträge für Deine Umgebung wertvoll sind, desto glücklicher bist Du. Je mehr Du für Deine Umgebung beitragen kannst, desto höher ist Deine persönliche Befriedigung. Daher brauchst Du eine herausfordernde Zielsetzung, die auch gut für Deine Umwelt ist.

Wie glücklich bist Du?

Gar nicht **Sehr**

1 2 3 4 5 6 7 8 9 10

Warum?

....

....

Wie wichtig ist Dir Deine Umwelt/Dein Umfeld?

Gar nicht   Sehr

1   2   3   4   5   6   7   8   9   10

Warum?

....
....

Was macht Dir Spaß, was begeistert Dich, was auch für deine Umgebung wertvoll ist?

....
....

Was macht Dich glücklich, was auch für deine Umgebung wertvoll ist?

....
....

Regeln und Werte in Einklang bringen

> „Selig ist der Mensch, der mit sich im Frieden lebt.
> Es gibt auf Erden kein größeres Glück."
> (Buddha, indischer Weisheitslehrer und
> Religionsstifter, ca. 500 v. Chr.)

Du hast ein paar Seiten zuvor Deine 3 wichtigsten Werte festgelegt. Wenn Du danach lebst, erfährst Du eine große Erfüllung und Zufriedenheit. Wir bewundern vor allem die Menschen am meisten, die klare Werte haben und nach diesen leben.

Gibt es momentan etwas, das nicht mit dem übereinstimmt, was Du für richtig hältst?

....

....

Nach welchem Dir wichtigen Wert oder Prinzip lebst Du voll und ganz?

....

....

Inwiefern verbessert oder beeinflusst das Dein Leben?

....

....

Was könntest Du erreichen, was wäre möglich, wenn Du Dich ganz auf das konzentrieren würdest, was Dir im Leben am wichtigsten ist?

....

....

Setze Dir Ziele

5. Wir alle haben Träume

Fantasie[27]

> „Fantasie ist wichtiger als Wissen,
> denn Wissen ist begrenzt."
> (Albert Einstein, theoretischer Physiker, 1879-1955)

Du hast in Deinem Leben schon sehr viel gelernt, daher weißt Du auch bereits einiges. Am besten ist es, wenn Du durch Handlungen lernst, denn dann verankert sich Dein Wissen viel besser in Dir. Aber es gibt etwas, das größer ist als alles Wissen, und das ist Deine Fantasie. Sie ist unbegrenzt. Du kannst Dir in Deiner Fantasie alles vorstellen, alle Deine Träume und Wünsche und so wie Du einmal leben möchtest. Du kannst in Deiner Fantasie der Bundespräsident/die Bundespräsidentin sein, der Vorstandsvorsitzende der Deutschen Bank oder eine Weltenbummlerin/ein Weltenbummler. Du bist nur durch die Grenzen beschränkt, die Du Dir selbst in den Kopf setzt. Erkenne Deine Dir selbst gesetzten Grenzen und hinterfrage sie. Wenn Du zum Beispiel aus einem Umfeld kommst, in dem gutes Essen keine große Rolle spielt und über exquisite Speisen eher abwertend geredet wird, kannst Du trotzdem davon träumen, ein Koch für ausgewogene, hochwertige Ernährung zu werden, wenn Dir dieses Thema am Herzen liegt. Du musst fest entschlossen sein und genau wissen, was Du willst, damit Du auch genau das bekommst.

---

27 Vgl.: N. Hill: Think and grow rich, FBV, 2018, S.65 ff.

Wie oft lässt Du Deiner Fantasie freien Lauf?

Selten   Oft

1   2   3   4   5   6   7   8   9   10

Warum?

....

....

Wie oft und wie lange träumst Du am Tag?

....

....

Wovon träumst Du bewusst?

....

....

Worauf möchtest Du nicht verzichten?

....

....

Welches Anliegen steht hinter Deinen bewussten Träumen (zum Beispiel: Ich möchte reich sein, ich will die Welt sehen, ich will anderen helfen ...)?

....

....

Welche Voraussetzungen brauchst Du, um Deiner Fantasie freien Lauf zu lassen? (Ort, Zeit, Gemütsverfassung ...)

....

....

Was kann Dir helfen, in eine Stimmung zu kommen, die Dich träumen lässt?

....

....

Was hindert Dich am Träumen?

....

....

Wenn Du Deine Träume oder das, was Du Dir in Deiner Fantasie vorstellst, verwirklichen willst, muss auch ein richtiges Anliegen, ein Herzenswunsch dahinterstecken, das Enttäuschung, Entmutigung, Rückschläge und Kritik übersteht. Auch die Bemerkungen von Mitmenschen, die Dir sagen, dass Du nur Deine Zeit verschwendest, muss Dein Anliegen aushalten, damit Deine Träume Wirklichkeit werden.

Träume

„Nichts geschieht, ohne dass ein Traum vorausgeht."
(Carl Sandburg, amerikanischer Dichter
und Romanautor, 1878-1967)

Träume können materieller Natur sein, wie ein besonderes Auto, eine bestimmte Uhr, ein Haus etc. Aber es können auch Lebensvorstellungen sein, zum Beispiel eine Familie zu haben oder viele Reisen zu unternehmen, um die Welt kennenzulernen.

Mein größter Traum war es schon von klein auf, anderen Menschen zu helfen, indem ich zum Beispiel eine Schule in einem Land baue, in dem es den Menschen, vor allem den Mädchen, schlecht geht, um dadurch den dortigen Kindern ein besseres Leben zu ermöglichen. Ich habe zwar bisher keine Schule gegründet, aber ich bin Lehrerin geworden und nun versuche ich unter anderem durch dieses Buch, Dich und so viele Menschen wie möglich, die auf der Suche nach ihrem Lebensweg sind, in ihrer Zukunftsplanung und der Umsetzung ihrer Träume zu unterstützen.

Was ist eines Deiner erhofften Ziele? Was ist Dein Traum?
Nimm Dir jetzt Zeit, um zu träumen und zu überlegen, was Du Dir für Dein Leben wünschst, und notiere es hier:

....

....

Von welchen Zielen träumst Du?

"Jeder Tag ist ein guter Tag."
(Buddha, Religionsstifter, lebte vor ca. 2500 Jahren)

Um ein Ziel zu erreichen, musst Du es Dir so oft wie möglich vor Augen führen. Es gibt kleine Ziele, die Du an einem Tag erreichen kannst (zum Beispiel um 9 Uhr ins Bett gehen, weil Du morgens früh aufstehen musst), etwas längerfristige Ziele, die eine Woche umfassen (zum Beispiel die Vorbereitung auf eine Prüfung) und große Ziele, die über ein Jahr (zum Beispiel Bewerbungen für ein Praktikum/eine neue Arbeitsstelle) oder über eine noch längere Zeitperiode angestrebt werden müssen. Denke jetzt über Deine Ziele nach. Diese Aufgabe lässt sich nicht an einem Tag erledigen. Nimm Dir daher in der nächsten Woche jeden Tag 5 bis 10 Minuten dafür Zeit und beantworte jedes Mal folgende Fragen:

Wie würdest Du Dein Leben haben wollen, wenn alles möglich wäre?[28]

....

....

Was würdest Du tun, wenn Du sicher sein könntest, auf keinen Fall zu scheitern?

....

....

---

28 Vgl.: T. Robbins: Das Robbins Power Prinzip, Allegria, 2004, S.10 ff.

Wenn Du Deine Aufzeichnungen zu den beiden obenstehenden Fragen immer wieder überdenkst und vervollständigst, lassen sich daraus Ziele ableiten.

Deine Ziele:

- ....
- ....
- ....

Träume Dein Leben[29]

> *„Die Welt macht dem Menschen Platz,*
> *der weiß, wohin er geht."*
> (Ralph W. Emerson, amerikanischer Geistlicher,
> Philosoph 1803–1882)

Es ist unglaublich wichtig, dass Du Ziele hast. Wenn Du selbst kein Ziel vor Augen hast, kennst Du Deinen Weg nicht, sondern arbeitest für die Ziele anderer. Wenn Du hingegen auf ein klares Ziel hinstrebst, damit ist Dein eigenes Ziel gemeint, werden Dir Wege eröffnet. Und was noch besser ist: Wenn die Menschen um Dich herum merken, welches Ziel Du anstrebst, können sie Dich unterstützen.

Folgende Fragen bringen Dich näher zu Deinen Zielen. Nimm Dir genügend Zeit und beantworte sie gewissenhaft.

---

29 Vgl.: T. Robbins: Wie aus kleinen Veränderungen große Unterschiede werden, FBV, 2017, S.304 ff.

Was würdest Du gerne lernen?
....
....

Warum?
....
....

Welche Fähigkeiten willst Du besitzen?
....
....

Warum?
....
....

Welche Charakterzüge würdest Du gerne entwickeln?
....
....

Warum?
....
....

Wer sollte zu Deinem Freundeskreis gehören?
....
....

Warum?
....
....

Wer würdest Du gerne sein?
....
....

Warum?
....
....

Setze Dir jetzt ein Ziel, das Du in einem Monat erreichen willst!
In einem Monat will ich

....
....

Setze Dir jetzt ein Ziel, das Du in einem halben Jahr erreichen willst!
In einem halben Jahr will ich

....

....

Setze Dir jetzt ein wichtiges Jahresziel!
In einem Jahr will ich

....

....

6. Triff die richtigen Entscheidungen[30]

„Unsere Entscheidungen – und nicht unsere Lebensbedingungen – bestimmen unser Schicksal!"
(Tony Robbins, amerikanischer Autor, *1960)

Wenn wir aus tiefster Überzeugung eine Entscheidung treffen, hat diese eine große Macht. Sie verändert unser Leben oder kann es in eine andere Bahn lenken. Doch oft drücken wir uns davor, eine Entscheidung zu treffen, weil wir Angst vor den Konsequenzen haben. Angst davor, dass es kein Zurück mehr gibt. Es gibt aber keine Möglichkeit, sich endgültig vor Entscheidungen zu drücken. Auch keine Entschuldigung. Wenn wir eine Entscheidung aus tiefster Überzeugung getroffen haben, kann diese einen unaufhaltsamen Schwung mit sich bringen.

Triff jetzt je eine Entscheidung, die Deine Gesundheit, Deine Beziehungen und Dein Leben verändern. Das kann Deine Ernährung, die Beziehung zu einem Familienmitglied oder Deinen Tagesablauf betreffen.

Gesundheit

....

....

Leben

....

....

---

30 Vgl.: T. Robbins: Das Robbins Power Prinzip, Allegria, 2004, S. 392 ff.

Beziehungen

....

....

Lies Dir Deine Entscheidungen morgens und abends durch, verinnerliche sie so und handele entsprechend.

Ziele formulieren

> *„Menschen mit Zielen haben Erfolg,*
> *weil sie wissen, wohin sie gehen."*
> (Earl Nightingale, amerikan. Motivationsredner, 1921-1989)

Jetzt geht es darum, Ziele richtig zu formulieren und festzulegen. Stell Dir vor, Du hast unbegrenzt Geld zur Verfügung:

Was würdest Du gerne kaufen und/oder bauen?

....

....

An welchen Ereignissen würdest Du gerne teilnehmen?

....

....

Welche Abenteuer würdest Du gerne erleben?

....

....

Du kannst an einem Tag oder in einer Woche keine großen Ziele erreichen, aber in einem Jahr oder in 5 Jahren. Wichtig ist, dass Du sie Dir vor Augen hältst und Dich stetig auf sie zubewegst. Setze jedem Ziel einen Zeitrahmen.

Ziel	Wann möchte ich es erreicht haben?

Markiere nun Dein wichtigstes Ziel!

Gehe Deinem Ziel entgegen

> „Der Langsamste, der sein Ziel nicht aus den Augen verliert, geht noch immer geschwinder als jener, der ohne Ziel umherirrt."
> (Gotthold Ephraim Lessing, dt. Dichter, 1729-1781)

Du hast Dich in der vorangegangenen Lektion für Dein wichtigstes Ziel entschieden. Schreibe auf, warum Du Dich gerade für dieses entschieden hast und warum Du Dich innerhalb des festgelegten Zeitraums uneingeschränkt dafür einsetzen wirst.

....

....

Es ist wichtig, dass Du Dein Ziel jeden Tag im Auge behältst und kein neues in Angriff nimmst, bevor Du nicht eine positive Maßnahme für das Erreichen dieses Ziels unternommen hast. Erstelle jetzt eine Liste von Dingen, die Du während der nächsten Woche täglich tun kannst, um Deinem Ziel näherzukommen.

Tag	Schritt zum Ziel	Erreicht am
1		
2		
3		
4		
5		
6		
7		

Frage Dich jeden Tag: Was kann ich heute tun, um näher an mein Ziel zu gelangen? Schreibe diesen kleinen Schritt auf einen Zettel und lege ihn erst zur Seite, wenn Du den Schritt endgültig gegangen bist.

Es gibt noch mehr, was Du auf dem Weg zu Deinem Ziel unternehmen kannst. So kannst Du zum Beispiel ein Praktikum absolvieren, das Dich in die richtige Richtung führt. Wenn Du Koch oder Köchin werden möchtest, frag in einem Restaurant nach, ob Du dort aushelfen kannst. Wenn Du Journalistin oder Journalist werden willst, frag bei einer kleinen Zeitung nach, ob Du für sie Artikel schreiben kannst. Es geht hier nicht darum, Geld zu verdienen, sondern darum, etwas zu lernen, das Dich weiterbringt, bzw. Menschen kennenzulernen, die Dich weiterbringen.

Denke an Deine Ziele. Wo könntest Du zielführende Praktika absolvieren? In welchen 3 Branchen?

....

....

Recherchiere zu jeder Branche 3 Unternehmen, bei denen Du nach einem Praktikumsplatz fragen könntest.

Branche:
....

Unternehmen 1
Name: ....

Kontakt: ....

....

Unternehmen 2
Name: ....

Kontakt: ....

....

Unternehmen 3
Name: ....

Kontakt: ....

....

Branche:
....

Unternehmen 1
Name: ....

Kontakt: ....

....

Unternehmen 2
Name: ....

Kontakt: ....

....

Unternehmen 3
Name: ....

Kontakt: ....

....

Branche:
....

Unternehmen 1
Name: ....

Kontakt: ....

....

Unternehmen 2
Name: ....

Kontakt: ....
....

Unternehmen 3
Name: ....

Kontakt: ....
....

Du benötigst ein Anliegen[31]

„*Träume sind die Samen der Wirklichkeit.*"
(Napoleon Hill, amerikanischer Schriftsteller, 1883-1970)

Um einen Traum zu verwirklichen, brauchst Du ein Anliegen. Ein Anliegen, ein Herzenswunsch ist ein Wunsch oder eine wichtige Sache, die Dich betrifft. Auch um erfolgreich zu sein, brauchst Du ein Anliegen, weil Du sonst nicht weißt, warum Du etwas tust oder wofür. Nur wenn Du klar definieren kannst, was Du genau anstrebst und welches Anliegen dahintersteckt, kannst Du Dein Ziel erreichen. Du musst verstehen, warum Du dieses Ziel hast. Dein Anliegen muss Dir so wichtig sein, dass Du Dein Ziel hartnäckig verfolgst und schließlich erreichst.

Mein Anliegen, dieses Buch zu schreiben, ist, dass ich möglichst vielen Menschen einen Weg aufzeigen möchte, der ihnen hilft herauszufinden, wohin sie ihr Leben führen soll. Daher arbeite ich täglich hart an dem Ziel, dieses Buch fertigzustellen, stehe sehr früh auf und verwende jede freie Minute dafür.

---

31 Vgl.: N. Hill: Think and grow rich, FBV, 2018, S. 41 ff.

Welches Anliegen steckt hinter Deinen 3 größten Wünschen bzw. Träumen?

Traum: ....

....

Anliegen: ....

....

Traum: ....

....

Anliegen: ....

....

Traum: ....

....

Anliegen: ....

....

Wünsche

> *„Sobald wir unseren Geist auf ein konkretes*
> *Ziel richten, kommt es uns entgegen."*
> (Verfasser unbekannt)

Es ist wichtig, dass Du Deine Wünsche klar definierst und dass Du so genau wie möglich beschreiben kannst, was Du Dir wünschst. Nur was Du exakt definieren kannst, kannst Du auch erreichen.

Wenn Du Dir einfach wünschst, einmal glücklich zu sein, wirst Du dies nur schwer erreichen, weil Du nicht weißt, was Du dafür benötigst. Wenn Du aber weißt, dass zum Beispiel ein Garten sehr wichtig für Dich ist, weil Du gerne mit Erde arbeitest, dann kannst Du dieses Ziel erreichen und es wird Dich glücklicher machen. Jeder Mensch hat Ziele, ob bewusst oder unbewusst. Die Ziele, die Du Dir setzt, müssen für Dich aufregend genug sein, um Deine Kreativität anzuregen und Deine Leidenschaft zu entfachen. Das heißt, wenn Du Dein Ziel so klar wie möglich beschreibst und Du es Dir aus vollem Herzen wünschst, dann wirst Du Wege finden, es zu erreichen.[32]

Wähle Dir jetzt bewusst ein Ziel und denke über Folgendes nach: Ist dieses Ziel wichtig genug, dass ich mich voll und ganz darauf konzentriere, dass es in mir Energien und Ideen freisetzt, damit ich es auf jeden Fall erreiche?

Ziel:

....

....

Warum willst Du dieses Ziel erreichen?

....

....

Woran erkennst Du, dass Du das Ziel erreicht hast?

....

....

---

32 Vgl.: ebd., S.133 ff.

7. Finde Deine Ziele

„*Der einzige Weg, um großartige Arbeit zu vollbringen, ist zu lieben, was du tust. Wenn du es noch nicht gefunden hast, dann suche weiter – gib dich nicht vorher zufrieden.*"
(Steve Jobs, amerikan. Unternehmer, 1955-2011)

Wie findet man seine Bestimmung? Du musst Deiner Leidenschaft folgen. Wenn Du Dich wirklich für eine Sache begeisterst, erscheint sie für Dich nicht wie Arbeit. Es gibt verschiedene Wege, um herauszufinden, was Deine Leidenschaft ist:

Schreibe all das auf, was Du gerne tust, wofür Du Dich begeistern kannst und was Du gerne tun möchtest (zum Beispiel: Ich liebe Pflanzen, ich musiziere gerne etc.).

....

....

Frage andere Personen, die Dich gut kennen, welche Stärken sie in Dir sehen. Manchmal sehen Deine Mitmenschen etwas in Dir, von dem Du gar nicht wusstest, dass Du das gut kannst. Vielleicht kannst Du bei Streitigkeiten gut vermitteln?

....

....

Das Ziel ist es, etwas zu finden, das Dich glücklich macht und Dich positiv herausfordert. Dieses Ziel sollte auch für Deine Umgebung hilfreich sein, denn nur wer bereit ist, etwas für seine Mitmenschen und seine Umgebung zu tun, wird auch etwas zurückbekommen. Wenn Du zum Beispiel gerne musizierst, dann tu Dich mit anderen zusammen und suche nach Gelegenheiten, andere Menschen mit Deiner Musik zu erfreuen.

Du hast oben beschrieben, was Du auf keinen Fall tun möchtest. Versuche nun, die Aussagen ins Positive umzukehren.[33] Du könntest zum Beispiel oben geschrieben haben, dass Du Unordnung nicht magst. Positiv formuliert heißt das: Ich mag es, wenn es um mich herum ordentlich und aufgeräumt ist. Deshalb möchte ich mich auch gerne darum kümmern, dass meine Umgebung schön ist, damit ich mich wohlfühle.

Was ich auf keinen Fall tun möchte:	**Positive Umformulierung**

---

33 Vgl.: A.D. Fischer: Reicher als die Geissens, AF Media, S.32

Verschiedene Bereiche

> *„Alles, was wir sind, entsteht aus unseren Gedanken.*
> *Mit unseren Gedanken formen wir die Welt."*
> (Buddha, Religionsstifter, 6. Jh. v. Chr.)

Ziele klar zu definieren, ist ein längerer und manchmal auch nicht ganz einfacher Weg. Dein Leben verändert sich im Laufe der Zeit, die Umstände, in denen Du lebst, auch. Genauso wie Du können sich Ziele weiterentwickeln. Deshalb gehen wir dieses Thema mit einer etwas anderen Fragestellung erneut an.

Schreibe jetzt all die Dinge auf, die Du magst.

....

....

Sortiere jetzt nach Themen (zum Beispiel Zwischenmenschliches; Dinge, die die Freizeit betreffen; Dinge, die die Schule/den Beruf betreffen ...)

Zwischenmenschliches

....

....

Familie

....

....

Schule

....

....

Freizeit

....

....

Natur

....

....

Fertige nun eine Liste mit allen Dingen an, die Du nicht magst.

....

....

Sortiere diese Liste jetzt auch nach Themen.

Zwischenmenschliches

....

....

Familie

....

....

Freunde

....

....

Schule

....

....

Freizeit

....

....

Natur

....

....

Formuliere nun die Negativliste ins Positive.

Negativ	Positiv

Überlege Dir nun Leitsätze (zum Beispiel: Ich will in einem schönen Umfeld leben. Dafür nehme ich mir jetzt jeden Tag eine halbe Stunde Zeit):

1. ....

2. ....

3. ....

Lies Dir diese Sätze jeden Tag einmal durch und überarbeite sie immer dann, wenn Du merkst, dass sie nicht mehr zu Dir passen. Versuche, die positiven Dinge zu verstärken und die negativen zu minimieren. Es ist wichtig, dass Du herausfindest, wofür Du Dich wirklich begeistern kannst. Lass Dir bei diesen Schritten Zeit. Sein wirkliches Ziel zu finden, kann lange dauern. Du musst aber dranbleiben.

> *„In 20 Jahren wirst du mehr enttäuscht sein über die Dinge, die du nicht getan hast, als über die Dinge, die du getan hast. Also löse die Knoten, laufe aus dem sicheren Hafen. Erfasse die Passatwinde mit deinen Segeln. Erforsche. Träume."*
> (Mark Twain, amerikan. Schriftsteller, 1835-1910)

8. Deine Ziele zeigen Dir Deinen Weg

*„Wenn Sie nicht wissen, wohin Sie gehen,
werden Sie wahrscheinlich woanders landen."*
(Lawrence J. Peter, amerikan. Autor, Schulpsychologe, 1919-1990)

Wir alle haben Ziele! Unsere Ziele geben uns einen Grund, morgens aufzustehen und produktiv zu sein Wenn wir keine Ziele hätten, wüssten wir nicht, welche Richtung wir einschlagen sollten. Wir wüssten nicht, was uns wirklich wichtig ist, und wären dem Schicksal und auch unserer Umwelt ausgeliefert.

Es ist wichtig, dass Ziele so beschaffen sind, dass sie Dich faszinieren. Durch sie sollen Deine Kreativität und Leidenschaft angeregt werden, weil Du sie unbedingt erreichen willst.

„Träume sind die Samen der Wirklichkeit."
(Napoleon Hill, amerikanischer Schriftsteller, 1883-1970)

Um einen Traum zu verwirklichen, brauchst Du wieder ein Anliegen. Auch um erfolgreich zu sein, brauchst Du ein Anliegen, weil Du sonst nicht weißt, warum oder wofür Du etwas tust. Nur wenn Du klar definieren kannst, was Du anstrebst und welches Anliegen dahintersteckt, kannst Du Dein Ziel erreichen. Du musst verstehen, warum Du dieses Ziel hast.

Was ist Dein wichtigstes Anliegen?

....

....

Willst Du es voll und ganz erfüllen?

....

....

Bist Du bereit, ihm alle anderen Anliegen unterzuordnen?

....

....

Wie würdest Du Dich in 10 Jahren wahrscheinlich fühlen, wenn Du dieses Anliegen nicht weiterverfolgen würdest?

....

....

Wie viel Zeit widmest Du ihm täglich oder wöchentlich, um es zu verwirklichen?

....

....

Nur weil die Vergangenheit so ist, wie sie ist, heißt das nicht, dass die Zukunft auch so bleibt oder bleiben muss.

Welche Ziele hast Du bereits erreicht, die Du Dir selbst gesetzt hast?

....

....

Welchen ersten kleinen Schritt kannst Du unternehmen, der Dich in die Richtung Deines bisher für unmöglich gehaltenen Traums bringt?

....

....

Wähle jetzt bewusst 3 Ziele und schreibe sie hier auf.

1. ....

2. ....

3. ....

Sind diese Ziele wichtig genug, um Dich herauszufordern? Fühlst Du, dass Du sie unbedingt erreichen und mit Leidenschaft angehen willst?

Zu 1. ....

....

Zu 2. ....

....

Zu 3. ....

....

Nur wenn Du Deine Ziele klar formulierst, kannst Du auch Deine Träume verwirklichen. Ziele, die Du leidenschaftlich verfolgst, werden Energien und Wege freilegen, von denen Du vorher nichts wusstest. Es ist wichtig, dass Dein Gehirn weiß, was wirklich wichtig ist!

Ziele erreichen

„Ein Warum zu haben, das stark genug ist,
wird Dich mit dem notwendigen Wie ausstatten."
(Tony Robbins, amerikan. Autor. *1960)

Du hast Dir nun viele Gedanken darüber gemacht, welche Ziele Du anstreben möchtest und auch in welchem Zeitrahmen. Es sind Ziele, die Dich begeistern und für die Du brennst, für die Du alles tun wirst, um sie zu erreichen.

Wie würdest Du Dich fühlen, wenn Du innerhalb eines Jahres alle Deine Ziele, die Du oben notiert hast, erreichen würdest?

....

....

Wie würdest Du über Dich selbst denken, wenn Du sie erreichen würdest?

....

....

Wie würde sich Dein Leben anfühlen?

Schreibe Deine Ziele auf ein separates Blatt und platziere dieses dort, wo Du es jeden Tag siehst.
    Denke immer daran: Wenn Du ständig an etwas denkst und Dich darauf konzentrierst, bewegst Du Dich automatisch darauf zu. Du weißt, warum Du es erreichen willst und welche Wege und Möglichkeiten Dir von Deinem inneren Auge aufgezeigt werden, um an Dein Ziel zu gelangen.

Dein Platz[34]

„Der Mensch ist ein nach Zielen strebendes Tier. Sein Leben hat nur Bedeutung, wenn er versucht, etwas zu erreichen, und nach seinen Zielen strebt."
(Aristoteles, griech. Universalgelehrter, 384-322 v. Chr.)

Die Frage nach dem Sinn des Lebens ist mit die größte, die wir uns stellen können. Jeder Mensch beantwortet diese Frage anders, da sie dazu anregt, darüber nachzudenken, was uns wirklich wichtig ist, wer wir sind und wohin wir streben. Und für jeden Menschen ist das etwas anderes. Du musst Dir also die Frage stellen, was das wirklich Wichtige für Dich ist.

Die Frage nach dem Sinn des Lebens wird auch so verstanden, dass nach einem bestimmten Zweck unseres Daseins gefragt wird. Oder wir fragen nach einem bestimmten Ziel, das angestrebt werden soll. Es kann aber auch nach dem Wert, dem Nutzen oder der Bedeutung des Lebens gefragt werden.

Wie wichtig ist es Dir, gesellschaftlich aufzusteigen?

Gar nicht   Sehr

   1   2   3   4   5   6   7   8   9   10

Warum?

....

....

---

34 Vgl.: D. Märtin: Hier geht's hoch, Campus, 2023, S.40 ff.

Welche Vorbilder begeistern Dich?

Lebende

....

....

Warum?

....

....

Verstorbene

....

....

Warum?

....

....

Gesellschaftliches Ansehen und sinnerfülltes Leben – Wie sehr hängen diese beiden Aspekte für Dich zusammen?

Gar nicht									Sehr
1	2	3	4	5	6	7	8	9	10

Warum?

....

....

Welche Werte willst Du auf jeden Fall verwirklichen?

....

....

Warum?

....

....

Welche Werte würdest Du niemals verletzen?

....

....

Warum?

....

....

Was würdest Du verwirklichen, wenn Du zu den 100 reichsten Menschen der Welt gehören würdest?

....

....

Warum?

....

....

Tust Du etwas für das Allgemeinwohl? Wenn ja, was?

....

....

Warum?

....

....

Gibt es etwas, das Du gerne für das Allgemeinwohl tun würdest? Wenn ja, was?

....

....

Warum?

....

....

Warum tust Du es nicht bereits?

....

....

Empfindest Du Deinen Alltag als sinnerfüllt?

Ja   Nein

Warum?

....

....

Was ist für Dich der Sinn des Lebens?

....

....

Fachkenntnisse[35]

> *„Bildung ist die mächtigste Waffe, die du verwenden kannst, um die Welt zu verändern."*
> (Nelson Mandela, Menschenrechtler, 1918-2013)

Bildung und Wissen sind für Deinen Lebensweg von unschätzbarem Wert. Allerdings bringt dieses Wissen kein Geld ein, wenn es nicht in praktische Handlungspläne mit einem konkreten Ziel umgesetzt wird. Wissen ist lediglich potenzielle Macht.

Ein gebildeter Mensch ist jemand, der seine geistigen Fähigkeiten so entwickelt, dass er in der Lage ist, sich alles anzueignen, was er möchte, ohne dabei die Rechte anderer zu verletzen. Gebildet ist jeder, der weiß, wo er Wissen abrufen kann, wenn er es braucht. Zudem weiß diese Person, wie sie ihr Wissen in konkrete Handlungspläne umsetzen kann.

In welchen Bereichen solltest Du Dein Wissen erweitern?

....

....

---

35 Vgl.: N. Hill: Think an grow rich, FBV, 2018, S.97 ff.

Welche Anlaufstellen gibt es, wo Du Dein Wissen erweitern kannst?

....

....

Du kannst nicht alles wissen, daher ist es wichtig, dass Du Dich mit anderen zusammentust.

Wer kann Dich unterstützen?

....

....

Es gibt eine menschliche Schwachstelle, die Dich daran hindert weiterzukommen: mangelnder Ehrgeiz.

Wie stehst Du zu Ehrgeiz? Ist der Begriff für Dich eher positiv oder eher negativ besetzt?

Negativ   Positiv

1   2   3   4   5   6   7   8   9   10

Warum?

....

....

Wie hoch schätzt Du Deinen Ehrgeiz ein?

Gering　　　　　　　　　　　　　　　Sehr hoch

1　2　3　4　5　6　7　8　9　10

Gibt es etwas, das Deinen Ehrgeiz weckt? Wenn ja, was?

....

....

Der Weg zum Erfolg ist fortlaufender Wissenserwerb. Auch Gewohnheiten können Dich daran hindern weiterzukommen. Wie viel Zeit verwendest Du am Tag/in der Woche, um Neues zu lernen?

....

....

Lege ein Zeitfenster am Tag oder in der Woche fest, in dem Du Dich um Deine Wissenserweiterung kümmerst (zum Beispiel: Ich lese jeden Morgen eine halbe Stunde ein Buch, das sich mit einem Thema befasst, das mich weiterbringt.).

....

....

Lass diesen Termin zum Ritual werden.

Auch Gewohnheiten können Dich dran hindern weiterzukommen.

Welche Gewohnheiten hast Du, die Dich an Deiner Weiterentwicklung hindern (zum Beispiel zu hoher Handykonsum, zu spätes Ins-Bett-Gehen)?

....

....

Welche Gewohnheiten könntest Du Dir antrainieren, die Dich weiterbringen könnten (zum Beispiel eine halbe Stunde früher aufstehen, um Deinen Tag zu planen)?

....

....

9. Du brauchst einen Plan – vor allem für schwierige Situationen[36]

„Ruhe und Glück umfangen den, der auf eine gute Tat zurückblickt."
(Japanische Weisheit)

Du solltest jeden Morgen einen Grund haben aufzustehen. Das Wichtigste ist also, ein Ziel zu haben, eine Richtung, in die Du Dich bewegen willst. Die meisten Menschen überschätzen, was Sie innerhalb eines Monats oder eines Jahres schaffen können, aber unterschätzen, was innerhalb eines Jahrzehnts möglich ist.

Wo willst Du heute in 10 Jahren stehen?

....

....

Auch wenn Du weißt, wo Du hinwillst, gibt es immer wieder etwas auf Deinem Weg, das Dich davon abhält, Dein Ziel zu erreichen. In einer solchen Situation darfst Du Dein Ziel nicht aus den Augen verlieren oder Dich vor unangenehmen Aufgaben drücken, die Dich aber weiterbringen würden. In dieser Situation solltest Du Dich fragen: „Was wird es mich am Ende kosten, wenn ich jetzt meinen Weg zu meinem Ziel verlasse?" Wenn Du Dich fragst, welchen Schmerz ein nicht erreichtes Ziel bei Dir auslösen wird, kannst Du diesen Schmerz effektiv nutzen. Er treibt Dich an, durch die richtigen Handlungen und Entscheidungen zu vermeiden, Dein Ziel aus den Augen zu verlieren. Schmerz kann dadurch Dein Freund sein.[37]

---

36 Ebd., S.195 ff.
37 Ebd.

Beantworte jetzt diese Frage zu Deinen Zielen.

Ziel	Was wird es mich kosten, wenn ich nicht den Weg in Richtung dieses Ziels gehe?

Fang an!

> *„Selbst ein Weg von tausend Meilen beginnt mit einem Schritt."*
> (Japanische Weisheit)

Du musst konkrete Schritte planen und ins Handeln kommen, denn nur, wer den ersten Schritt tut, kann auch ans Ziel gelangen.

Hierfür ist es aber auch notwendig, dass Du Dir keine Hintertüren offenlässt, für den Fall, dass der Weg einmal etwas schwierig werden sollte. Kein Weg ist geradlinig, daher sei auch aufgeschlossen und tolerant und habe keine Angst vor neuen Ideen.

Die folgenden Fragen hast Du an anderer Stelle schon einmal beantwortet. Stell sie Dir nochmals, sie sind die Fragen, die Dich zum Erfolg bringen.

1. Was ist Dein genaues Ziel? Formuliere es noch einmal so genau es geht.

   ....

   ....

2. Was willst Du für Dein Ziel leisten? Formuliere genau!

   ....

   ....

3. Wann willst Du dieses Ziel erreichen? Lege einen genauen Zeitpunkt fest!

   ....

   ....

Lies Dir Deine Aufzeichnungen zweimal täglich durch.

Dranbleiben

> „Die Kunst ist, einmal mehr aufzustehen,
> als man umgeworfen wird."
> (Winston Churchill, ehem. Premierminister
> von Großbritannien, 1874-1965)

Du musst Dir Dein Ziel immer wieder vor Augen führen und Dir sagen, dass der Erfolg nicht vom Zufall oder Glück abhängt, sondern von Deinem Traum, ein klar definiertes Ziel zu erreichen. Du musst wissen, was Du willst. Lass Dich von Krisen und

Hindernissen nicht aus der Bahn werfen, denn diese beinhalten immer eine Chance in sich, zum Beispiel lernst Du auch über Dich selbst etwas und weißt beim nächsten Mal, wie Du anders mit einer ähnlichen Situation umgehen sollst.

Solange Du Dein Ziel nicht aus den Augen verlierst und Du weißt, warum Du es anstrebst, kann Dich nichts aufhalten. Erst wenn Du selbst die Situation so beurteilst, dass sie eine nicht wiedergutzumachende Niederlage ist, bist Du besiegt. Wenn Dein Ziel, das Du Dir gesetzt hast, und dein Anliegen, das dahintersteht, richtig sind und wenn Du wirklich daran glaubst, dann leg los![38]

Es gibt immer wieder Gegenwind. In solch einer Situation musst Du wissen, wie Du damit umgehst, damit Du auf Deinem Weg bleibst. Welche 5 Dinge, Handlungen, Gedanken werden Dir helfen, Dich wieder auf Dein Ziel zu fokussieren? (Beispiel: Film schauen, der mein Ziel zum Thema hat; davon träumen, wie es sich anfühlt, wenn ich mein Ziel erreicht habe ...)

1. ....
2. ....
3. ....
4. ....
5. ....

Nimm diese Liste immer wieder hervor, wenn Du einmal das Gefühl hast, dass Du auf dem Weg zu Deinem Ziel an Hindernissen scheitern könntest.

---

38 Vgl.: T. Robbins: Das Robbins Power Prinzip, Allegria, 2004, S.293 ff.

Selbstbeeinflussung[39]

„Du bist deine eigene Grenze, erhebe dich darüber!"
(Hafis, persischer Dichter und Mystiker, 14. Jh.)

Positive wie auch negative Gedanken und Emotionen können unser Unterbewusstsein beeinflussen. Du kannst auf Dein Bewusstsein aber auch gezielt einwirken, indem Du es zum Beispiel mit den Gedanken versorgst, die Deine Träume widerspiegeln. Um Dein Unterbewusstsein wirklich zu beeinflussen, musst Du Deine Ziele und Anliegen mit Gefühlen in Verbindung bringen.

Stell Dir vor, Du hast Dein Ziel schon erreicht. Wie würdest Du Dich fühlen?

....
....

Indem Du Dir diesen Zustand vorstellst, wird Dein Ziel für Dich greifbar und Dein Unterbewusstsein gibt Dir die Hinweise, die brauchst, um Dein Ziel zu erreichen.

Welche Schritte wirst Du gehen, um Dein Ziel zu erreichen?

....
....

Was brauchst Du, um Dein Ziel zu erreichen?

....
....

Lies Dir Deine Ausführungen jeden Morgen und jeden Abend durch.

---

39 Vgl.: N. Hill: Think and grow rich, FBV, 2018, S.89 ff.

Umsetzung Deiner Ziele

*„Ich denke, eine einfache Regel im Geschäftsleben lautet:
Wenn man die einfachen Aufgaben zuerst erledigt,
erzielt man tatsächlich große Fortschritte."*
(Mark Zuckerberg, Mitbegründer von Facebook, *1984)

In den vorangegangenen Kapiteln habe ich immer wieder darauf hingewiesen, dass jeder Wunscherfüllung ein Anliegen zugrunde liegt. Zuerst befindet sich das Anliegen nur in der Fantasie. In der Fantasie werden auch die Pläne für die Umsetzung geschmiedet.

Du musst folgende Schritte gehen, um einen Plan zu erstellen, der Deine Träume wahr werden lässt:

Sollte ein Plan (nicht das Ziel oder Anliegen) bzw. eine Aktion, die Dich zum Ziel bringen soll, nicht funktionieren, ändere ihn/sie so lange, bis er/sie funktioniert. Ein Plan kann scheitern, aber endgültig scheitern tut man nur, wenn man aufgibt und sein Ziel vernachlässigt oder aus den Augen verliert. Dein Ziel hingegen solltest Du nicht aus den Augen verlieren.

Überdenke, ob Dein Plan auch praxistauglich ist. Ein Misserfolg ist kein endgültiges Scheitern. Es ist wichtig, dass Du Misserfolge als Chance und Bereicherung siehst. Lerne daraus und beginne von vorn. Wichtig dabei ist, dass Du Dein Ziel im Auge behältst.

Definiere nun Dein Ziel noch einmal so klar wie möglich.

....

....

Welcher Herzenswunsch steckt dahinter? Definiere auch dieses so klar wie möglich.

....

....

Bereits mehrfach wurde in diesem Buch erwähnt, dass Du Menschen brauchst, die Dich auf Deinem Weg begleiten. Daher kommen hier noch einmal Fragen zu den Personen, die wichtig für Dich und Deinen vor Dir liegenden Weg sind.
Welche Menschen können Dir bei der Umsetzung Deiner Pläne helfen? Schreibe jede Person auf und auch, was sie zu Deinem Plan beitragen kann.

Person 1 ....

....

Person 2 ....

....

Person 3 ....

....

Was kannst Du den Menschen geben, die Dich bei der Umsetzung unterstützen?

Person 1 ....

....

Person 2 ....
....

Person 3 ....
....

Überlege, wie und wann Du Dich mit Deinen Vertrauenspersonen austauschen möchtest.

Person 1 ....
....

Person 2 ....
....

Person 3 ....
....

„Ein Mensch ist erst wirklich gescheitert,
wenn er sich selbst aufgibt."
(Napoleon Hill, amerikan. Schriftsteller, 1883-1970)

Verliere Dein Ziel nicht aus den Augen. Solltest Du das Gefühl haben, dass Du es nicht erreichen kannst, ändere nicht das Ziel und Deine Anliegen, sondern die Pläne und den Weg, mit denen Du das angestrebte Ziel erreichen willst.

„Wer nie aufgibt, gewinnt!"
(Napoleon Hill, amerikan. Schriftsteller, 1883-1970)

10. Verlasse Deine Komfortzone und verwirkliche Deine Träume![40]

„Jede schwierige Situation, die du jetzt meisterst, bleibt dir in der Zukunft erspart."
(Dalai Lama, *1935)

Das Glück liegt außerhalb Deiner Komfortzone, das heißt, Du musst Mut zum Glücklichsein haben. Deine Komfortzone ist alles, was Du hast, kannst und bist. In einer fremden Umgebung, sei es in einer anderen Stadt, einem anderen Land oder einfach nur in einer neuen Gruppe von Menschen, befindest Du Dich außerhalb der Komfortzone. Die meisten fühlen sich dort erst einmal unsicher. Aber genau in dieser unbekannten Umgebung kannst Du Dein Glück und Deinen Erfolg finden. Wann immer Du kannst, erweitere Deine Komfortzone. Außerhalb Deiner Komfortzone wächst Deine Persönlichkeit. Du wirst gefordert, erlebst Neues, sammelst Erfahrungen und stärkst Dein Selbstvertrauen.

Was gehört zum Bereich Deiner Komfortzone (Menschen, Umfeld …)?

....

....

Was kannst Du in der nächsten Woche tun, um aus Deiner Komfortzone zu kommen? Habe dabei auch Dein Ziel im Blick!

....

....

---

40 Vgl.: A.D. Fischer: Reicher als die Geissens, AF Media, S.51 ff.

Leg los!

*„Die beste Möglichkeit, seine Träume
zu verwirklichen, ist aufzuwachen."*
(Chinesische Weisheit)

Jeder sollte seine Träume verwirklichen und nach Selbsterfüllung und Glück streben. Wenn wir unsere Träume verwirklichen, geben wir unserem Leben Sinn und Orientierung. Du solltest für Deine wichtigsten Wünsche aufgeschlossen sein und Energie in ihre Verwirklichung investieren. Um die Verwirklichung Deiner Träume umzusetzen, solltest Du bestimmte Etappen durchlaufen.

Zunächst einmal solltest Du Dir erlauben zu träumen. Auch Dein Anliegen solltest Du klar vor Augen haben. Schreibe beides hier noch einmal auf:

....

....

Sorge nun dafür, einen Plan aufzustellen und fasse dies noch einmal kurz zusammen.

Was und wen benötigst Du für die Umsetzung?

....

....

Welche Informationen brauchst Du noch?

....

....

Woher bekommst Du die Informationen?

....

....

Setze Dir nun sinnvolle Zwischenziele. Wann willst Du sie erreichen? Setze einen Zeitpunkt.

Ziel	Wann willst Du es erreichen?

Wenn Du merkst, dass der Weg, den Du eingeschlagen hast, nicht der richtige ist, sei offen für Veränderungen. Verliere dabei aber nicht das Ziel und Dein Anliegen aus den Augen!

Eigne Dir ein positives Mindset an. Eine positive Denkweise ist notwendig, auch um schwierige Situationen zu meistern. Wenn Du von Deinem Ziel überzeugt bist und es verinnerlicht hast, entwickelst Du auch die Verhaltensmuster, die Dich an Dein Ziel bringen. Und vor allem: Werde aktiv und bleib fokussiert! Verliere Dein Ziel nicht aus den Augen und handele danach. Das beste Ziel ist nichts wert, wenn Du es nicht angehst.

Und noch einmal die Frage: Was kannst Du im nächsten Monat tun, um aus Deiner Komfortzone zu kommen und Deinem Ziel näherzukommen?

....

....

Wissen ist Macht[41]

> *„Klug sein besteht zur Hälfte darin,*
> *zu wissen, was man nicht weiß."*
> (Konfuzius, chines Philosoph, vermutl. 551-479 v. Chr.)

Du musst Dich immer wieder fragen, was Dein finales Ziel ist. Du wirst auf jedem Weg auf Schwierigkeiten stoßen, und dann ist es wichtig, dass Du genau weißt, was das Ergebnis sein soll. Wenn Du nicht weißt, warum Du ein Ziel gewählt hast oder welches Anliegen dahintersteht, wirst Du diesen Weg niemals durchhalten. Es ist wichtig, dass Du Dein angestrebtes Ziel, das Deine Leidenschaft und Deine Berufung widerspiegelt, genau formulierst. Zudem ist es unausweichlich, dass Du Dir das Wissen aneignest, das Du für das Erreichen Deines Ziels brauchst. Denn Deine Entscheidungen sind nur so gut wie die Informationen, aufgrund derer Du sie triffst.

Überlege jetzt, wo und durch wen Du an die entsprechenden Informationen herankommst, die für das Erreichen Deines Ziels notwendig sind.

Wo?

....

....

Durch wen?

....

....

---

41 Vgl.: N. Hill: Think and grow rich, FBV, 2018, S. 97 ff.

Lege ein Zeitfenster in der Woche fest, in dem Du Dich mit nutzbringendem Wissen beschäftigst.

....

....

Dein hinzugewonnenes Wissen wird Dir aber nur etwas bringen, wenn Du es auch anwendest!

> *„Die beste Möglichkeit, seine Träume*
> *zu verwirklichen, ist aufzuwachen."*
> (Chinesische Weisheit)

Habe Spaß! Alles ist möglich! Setze Dir keine Grenzen! Nichts kostet zu viel!

Bleib auf Deinem Weg

II. Lerne aus Deinen Fehlern

Sich gut fühlen[42]

> *„Wenn es einen Glauben gibt, der Berge versetzen kann,*
> *so ist es der Glaube an die eigene Kraft."*
> (Marie von Ebner-Eschenbach, österr. Schriftstellerin, 1830-1916)

Aus welchem Blickwinkel Du etwas betrachtest, bestimmt, wie Du Dich fühlst. Das Ziel ist es, sich gut zu fühlen oder dafür zu sorgen, dass man sich gut fühlt. Die folgenden Fragen lassen Dich darüber nachdenken, wie Du Dich momentan fühlst und was Du gerne ändern willst.

Wie geht es Dir in diesem Moment?

....

....

Was müsste passieren, damit es Dir besser geht bzw. damit Du Dich glücklicher und zufriedener fühlst?

....

....

---

42 Vgl.: T. Robbins, Wie aus kleinen Veränderungen große Unterschiede werden, FBV, 2017, S.165 ff.

Was kannst Du dafür tun, um Dich gut bzw. besser zu fühlen?

....

....

Wenn Du Dich jetzt glücklich fühlen willst, dann ändere Deinen Blickwinkel und die Art, wie Du die Dinge betrachtest. Schau zum Beispiel auf das, was Du hast und nicht so sehr auf das, was Du nicht hast. Wenn ich immer nur darauf achte, dass andere teurere Kleidung tragen, und dabei vergesse, dass ich zum Beispiel ein sehr erfüllendes Hobby ausübe, dann geht es mir schlecht. Wenn ich mich aber auf mein Hobby konzentriere und sehe, wie gut es mir tut und dass ich dadurch sehr nette Menschen kennenlerne, dann geht es mir gut.

Welche gesunden Wege kennst Du? Welche Ressourcen hast Du in Dir, um Deinen Gemütszustand zu verbessern (zum Beispiel Musik machen)? Zähle alles auf, was Dich aus einem unglücklichen Gemütszustand herausholen kann.

....

....

Gibt es ein Ziel, das Dich fasziniert, bei dem Du jedoch etwas Neues ausprobieren musst (wie zum Beispiel in der Politik zu arbeiten, obwohl Du Dich noch gar nicht so recht mit dem Thema Politik auseinandergesetzt hast)?

....

....

Nur weil die Vergangenheit so ist, wie sie ist, heißt das nicht, dass die Zukunft auch so bleibt oder bleiben muss. Wenn Du zum Beispiel bisher nicht gut mit Geld umgehen konntest und

Du deshalb nicht gespart hast, muss das in Zukunft nicht auch so sein. Die Vergangenheit kannst Du nicht ändern, aber die Gegenwart und Zukunft.

Welchen ersten kleinen Schritt kannst Du gehen, der Dich in die Richtung des bisher für unmöglich gehaltenen Traums bringt?

....

....

Mit Fehlern umgehen

„Erwarte das Unerwartete."
(Zen-Weisheit)

Wir alle machen Fehler, dessen musst Du Dir bewusst sein. Wenn Du Angst hast zu scheitern oder Fehler zu machen, müsstest Du Dich zur Vorbeugung in ein Zimmer einsperren, denn sobald wir anfangen, etwas zu tun, können Fehler passieren. Wenn Du jedoch zwei- oder gar dreimal den gleichen Fehler machst, dann ist es ein wirklicher Fehler. Was Dir auf Deinem Weg helfen wird, ist, wenn Du erfolgreiche und erfahrene Menschen um Rat fragst. Verhalte Dich auch so, dass Du Dir nicht selbst schadest. Dafür musst Du Dich selbst kontrollieren.

Wie reagierst Du, wenn Du einen Fehler machst?

    Wütend   Enttäuscht   Gelassen

Wenn Dir ein Fehler unterläuft: Denkst Du über die Ursache nach?

Nie   Immer

    1   2   3   4   5   6   7   8   9   10

Wie gehst Du damit um, wenn Du weißt, warum der Fehler passiert ist?

....

....

Jeder Mensch ist verschieden. Daher gehen alle sehr unterschiedlich mit unseren Fehlern um D und jeder/jede muss seine eigene erfolgreiche Vorgehensweise finden. Sobald Du die erfolgreiche Vorgehensweisen entwickelt hast, behalte sie bei, vor allem dann, wenn Du neue Dinge ausprobieren willst. Sei gegenüber neuen Erfahrungen aufgeschlossen, denn das kann Dich weiterbringen.

Gründe für Fehlschläge[43]

„Unsere Fehlschläge sind lehrreicher als unsere Erfolge."
(Henry Ford, amerikanischer Erfinder, 1863-1947)

Es gibt viele Gründe, warum man sein Ziel nicht oder nur schwer erreicht. Das ist normal, aber es ist wichtig, dass man sich dann immer wieder auf sein Ziel und sein Anliegen besinnt und dieses nicht aus den Augen verliert.

Unten stehen verschiedene Gründe für Fehlschläge. Schätze selbst ein, wie anfällig Du für diese bist.

Orientierungslosigkeit

Gar nicht   Sehr
  1   2   3   4   5   6   7   8   9   10

---

[43] Vgl.: N.Hill: Think and grow rich, FBV, 2018, S.181 ff.

Kein Ehrgeiz

Gar nicht   Sehr
   1   2   3   4   5   6   7   8   9   10

Mangelnde Bildung

Gar nicht   Sehr
   1   2   3   4   5   6   7   8   9   10

Fehlende Selbstdisziplin

Gar nicht   Sehr
   1   2   3   4   5   6   7   8   9   10

Aufschieberitis

Gar nicht   Sehr
   1   2   3   4   5   6   7   8   9   10

Zu wenig Ausdauer

Gar nicht   Sehr
   1   2   3   4   5   6   7   8   9   10

Mangelnde Entschlossenheit

Gar nicht   Sehr
 1   2   3   4   5   6   7   8   9   10

Ängste

Gar nicht   Sehr
 1   2   3   4   5   6   7   8   9   10

Falsche Freunde

Gar nicht   Sehr
 1   2   3   4   5   6   7   8   9   10

Übertriebene Vorsicht

Gar nicht   Sehr
 1   2   3   4   5   6   7   8   9   10

Verzettelung

Gar nicht   Sehr
 1   2   3   4   5   6   7   8   9   10

Unehrlichkeit

Gar nicht   Sehr

1   2   3   4   5   6   7   8   9   10

Geltungsbedürfnis und Eitelkeit

Gar nicht   Sehr

1   2   3   4   5   6   7   8   9   10

Denkfaulheit

Gar nicht   Sehr

1   2   3   4   5   6   7   8   9   10

Probleme

> *„Auch eine schwere Tür hat nur einen
> kleinen Schlüssel nötig."*
> (Charles Dickens, engl. Schriftsteller, 1812-1870)

Wie wir mit Problemen umgehen, prägt unser Leben stärker als nahezu alles andere. Zum Glück kann man sagen: Jedes Problem geht vorbei. Der Umgang mit Problemen ist essenziell. Du musst versuchen, sie nüchtern und mit Abstand zu betrachten. Sieh sie als Herausforderung, nicht als Hindernis.

Erfolgsmenschen vermeiden, sich den Problemen als Opfer hinzugeben. Optimisten betrachten Misserfolge als Lernerfahrung und Herausforderung, ihren Ansatz zu überdenken und zu verändern. Probleme können ein wertvolles Feedback sein, weil sie Dir zeigen, dass Du einen anderen Weg einschlagen musst, um erfolgreich zu sein. Um mit Problemen lösungsorientiert umzugehen, musst Du die richtigen Fragen stellen. Fragen sind die Antwort auf Probleme und Schwierigkeiten.

Wie lauten Deine wesentlichen Fragen, die derzeit Dein Leben prägen?

....

....

Welche Probleme stecken dahinter?

....

....

Wenn wir Probleme immer nur als solche sehen, versetzt uns das in eine negative Stimmung, die uns nicht weiterbringt. Daher ist es wichtig, dass Du schwierige Situationen als Chance siehst, Dich zu verbessern.

Formuliere die oben notierten Probleme als Herausforderung um!

....

....

Wie man Prioritäten setzt

*„Es ist keine Frage der Zeit.
Es ist eine Frage der Priorität."*
(Sprichwort)

Wenn Du einen Umstand oder Gegenstand priorisierst, steht er für Dich im Vordergrund. Es kann eine Idee, eine Person, ein Verhalten sein, dem sich dann alles andere unterordnet. Sicherlich hast Du bereits einige Prioritäten gesetzt (zum Beispiel bei Deiner Familie, Deinem Äußeren, Deinen Leistungsbeurteilungen). Du erkennst sie auch daran, dass Du ihnen zeitlich oder ihrer Bedeutung mehr Gewicht gibst. Prioritäten setzen zu können, ist ein wesentlicher Erfolgsfaktor und Schlüssel zum Glück. Wenn Du keine Prioritäten setzt, wirst Du Dich immer wieder verzetteln, das heißt, Du kannst gesetzte Zeitrahmen nicht einhalten oder falsche Entscheidungen treffen. Du musst Dich damit abfinden, dass Du niemals an den Punkt kommen wirst, an dem Du alles erledigt hast. Deshalb musst Du darauf achten zu wissen, was die wichtigen Dinge sind, die erledigt werden müssen. Dafür ist es notwendig, dass Du Dein Ziel sehr genau vor Augen hast. Es gibt immer wieder Engpässe oder Schwierigkeiten auf Deinem Weg. Schau sie Dir genau an und nutze sie zu Deinem Vorteil.

Lege 3 Prioritäten fest, die Dich Deinem Ziel näherbringen:

1. ....
2. ....
3. ....

Disziplin

„Die Disziplin ist die Mutter des Sieges."
(Franz Wilhelm Ziegler, dt. Politiker
und Schriftsteller, 1803-1876)

Selbstdisziplin nennt man auch Selbstbeherrschung. Wenn Du diszipliniert handelst, kontrollierst Du Dein Verhalten und konzentrierst Dich auf ein Ziel. Du beherrschst Deinen Willen, Deine Gefühle und Neigungen, um etwas zu erreichen. Wer diszipliniert ist, arbeitet also auf ein bestimmtes Ziel hin, ohne sich ablenken oder davon abbringen zu lassen. Somit überlässt Du nicht dem Zufall, ob Du Dein Ziel erreichen wirst. Das Allererste, was man braucht, ist ein Ziel, um überhaupt diszipliniert sein zu können.

Wie wichtig ist Dir Disziplin?

Gar nicht   Sehr

1   2   3   4   5   6   7   8   9   10

Wie diszipliniert bist Du?

Gar nicht   Sehr

1   2   3   4   5   6   7   8   9   10

Was hindert Dich daran, diszipliniert zu sein?

....

....

Was ist dein genaues Ziel?
....
....

Willst Du das Ziel wirklich?

Ja   Ich bin mir nicht sicher

Warum?
....
....

Welche Impulse und Einflüsse führen mich vom Ziel weg?
....
....

Welche Konsequenzen hat das?
....
....

12. Nutze Deine Stärken

Kraftquellen

*„Jeder einzelne ist ein Tropfen,
gemeinsam sind wir ein Meer."*
(Ryunosuke Satoro, Japan. Autor, 1892-1927)

Es ist wichtig, sich seiner Ressourcen bewusst zu sein. Zu Ressourcen oder auch Kraftquellen gehören zum einen Deine Fähigkeiten, Deine Talente und Charaktereigenschaften, die Dich stärken. Zum anderen kann Dein Wissen eine Ressource sein, von der Du profitierst. Daher ist es wichtig, Dein Wissen immer weiter zu vergrößern. Auch spezielle körperliche Eigenschaften können Ressourcen sein, zum Beispiel kannst Du auf Deine körperliche Gesundheit und Fitness achten. Auch Vermögensgegenstände und Geld sind Ressourcen. Sie geben Sicherheit und können Dir Flexibilität in Deinem Handeln bieten.

Aber auch Kontakte zu anderen Menschen können Dir helfen, Dich auf Deinem Weg weiterzubringen. Zum einen können sie Dich unterstützen, indem sie Dir Tipps geben. Zum anderen können sie Dir auch als Vorbild dienen, indem sie Fähigkeiten besitzen, die Du nicht hast, von denen Du Dich aber inspirieren lassen und denen Du nacheifern willst. Aber auch Menschen, bei denen Du auftanken kannst, die Dir guttun, bei denen Du Dich wohlfühlst, die Dich auffangen und trösten, sind wichtig für Dich und Deinen Weg. Menschen, die Dich lieben, sind eine unersetzbare Stütze.

Denke im folgenden Schritt einmal über Deine Mitmenschen nach. Wie können sie für Dich eine Stütze sein und wie kannst Du von ihnen lernen?

Wen kenne ich	Was macht er/sie?	Was kann ich von ihm/ihr lernen?

Wichtig ist dabei, dass Du diesen Menschen genügend Wertschätzung entgegenbringst. Es geht hier nicht um Ausnutzung, sondern um ein Geben und Nehmen. Denke daher einmal darüber nach, was Du vielleicht Deinen Mitmenschen geben kannst.

Was kann ich?

....

....

Was habe ich?

....

....

Worüber weiß ich gut Bescheid?

....

....

Grundängste[44]

> „Wer die Angst überwindet, erlangt Freiheit."
> (Ralph Waldo Emerson, amerikan. Philosoph und Schriftsteller,1803-1982)

Es gibt 3 große Gegner, die Dich daran hindern weiterzukommen: Unentschlossenheit, Zweifel und Angst.

Wenn Du unentschlossen bist, triffst Du Deine Entscheidungen nur halbherzig und zögernd. Du hast Angst, Dich festzulegen, Angst vor eventuellen Konsequenzen. Daher bleibst Du auf der Stelle stehen und kommst nicht weiter. Dein Umfeld sieht Dich als jemand Unsicheres und Schwaches.

Wie leicht triffst Du Entscheidungen?

Sehr leicht   Sehr schwer

  1   2   3   4   5   6   7   8   9   10

Wie hoch ist Deine Angst vor Konsequenzen?

Gering   Sehr hoch

  1   2   3   4   5   6   7   8   9   10

---

44 Vgl.: N. Hill: Think and grow rich, FBV, 2018, S. 279 ff.

Wie unsicher fühlst Du Dich?

Gar nicht   Sehr

1   2   3   4   5   6   7   8   9   10

Zweifel hingegen sind in manchen Situationen durchaus berechtigt und wichtig. Zweifel führen dazu, dass Du innehältst und Deine Situation, in der Du gerade steckst, reflektierst. Sie verhindern, dass Du blind in Sackgassen rennst, und können Dich auf Gefahren aufmerksam machen. Zweifel sind also grundsätzlich nichts Schlechtes, sondern ein Zeichen dafür, dass Du auf Dich Acht gibst. Zu starke Zweifel hindern Dich aber am Weiterkommen. Sie halten Dich in einer Situation fest und behindern Entscheidungen.

Verspürst Du oft Zweifel über Deine Entscheidungen?

Nie   Oft

1   2   3   4   5   6   7   8   9   10

Reflektierst Du Deine Entscheidungen?

Nie   Oft

1   2   3   4   5   6   7   8   9   10

Was tust Du, wenn Du merkst, dass Du in eine Sackgasse gerätst?

....

....

Angst ist ein Gefühl der Nervosität und Besorgnis. Sie geht mit Unsicherheit einher. Jeder ist einmal ängstlich. Angst ist ein normales, menschliches Erlebnis. Wenn Du Dich aber von der Angst beherrschen lässt, bist Du nicht frei in Deinem Handeln. Ebenso behindert Dich Angst im Weiterkommen, dafür brauchst Du Mut und Zuversicht. Ängste existieren nur im Kopf und das ist gut, denn was man denkt, kann man kontrollieren. Es gibt verschiedene Formen der Angst[45] und bei den folgenden Fragen sollst Du einmal darüber nachdenken, wie groß Deine Ängste vor bestimmten äußerlichen und innerlichen Zuständen ist.

Wie groß ist Deine Angst vor Armut?

Gering									Sehr groß
1	2	3	4	5	6	7	8	9	10

Wie groß ist Deine Angst vor Kritik?

Gering									Sehr groß
1	2	3	4	5	6	7	8	9	10

Wie reagierst Du auf Kritik?

....
....

---

45 Vgl.: ebd.

Wie groß ist Deine Angst vor Liebesentzug?

Gering   Sehr groß
1   2   3   4   5   6   7   8   9   10

Wie reagierst Du auf Liebesentzug?

………………………………………………………………………………
………………………………………………………………………………

Wie verhältst Du Dich, wenn Du Angst verspürst?

………………………………………………………………………………
………………………………………………………………………………

Wer oder was kann Dir aus einem Angstzustand helfen?

………………………………………………………………………………
………………………………………………………………………………

Es ist wichtig, dass Du Deine Ängste kennst und Dich ihnen stellst. Frage Dich, woher sie kommen. Gab es vielleicht ein Erlebnis, das Dich dahingehend beeinflusst hat? Ich hatte zum Beispiel immer Angst vor Ungerechtigkeit und davor, ihr ausgeliefert zu sein. Dies kam durch ein Erlebnis in der Grundschule, bei dem ich für etwas bestraft wurde, das ich nicht getan hatte. Dieses Ereignis prägte mich so stark, dass ich oft Angst vor Lehrern und Lehrerinnen und ihrem Urteil hatte, wenn ich zum Beispiel nicht ihrer Meinung war.

Gibt es ein Erlebnis, das Dich sehr geprägt hat und dazu bringt, in manchen Situationen Angst zu haben, obwohl sie eigentlich unberechtigt ist?

....

....

Arbeite an Deiner persönlichen Einstellung zu Deinen Ängsten und Problemen. Setze Dich mit ihnen auseinander, denn Du kannst nur etwas besiegen, wenn Du es kennst.

Schreibe daher hier noch einmal die Ängste auf, die Dich am meisten beeinflussen.

....

....

Nur wenn Du den Mut hast, Dich so zu sehen, wie Du wirklich bist, findest Du heraus, was mit Dir nicht stimmt oder woran Du noch arbeiten solltest. Denn nur dann kannst Du etwas dagegen tun.

„Angst liegt nie in den Dingen selbst,
sondern darin, wie man sie betrachtet."
(Anthony de Mello, Jesuitenpriester und
spiritueller Lehrer, 1931-1987)

Durch schwierige Situationen wachsen

„Nur im Gegenwind erreichst Du ungeahnte Höhen."
(Sprichwort)

Die Fähigkeit, an Krisen zu wachsen, ist eine großartige, denn Krisen hat jeder und kommen immer wieder. Wenn Du weißt, wo und bei wem Du Dir Hilfe holen kannst, wie Du Deinen Weg ans Ziel flexibel anpasst, kannst Du aus jeder schwierigen Situation etwas Positives machen. Du brauchst dafür eine widerstandsfähige Psyche. Sie ist die beste Voraussetzung dafür, Dein Leben nach Deinen Wünschen zu gestalten. Um im Leben weiterzukommen oder auch aufzusteigen, brauchst Du bestimmte Fähigkeiten.

Wie sehr kannst Du Dich mit anderen mitfreuen oder auch mitleiden?

Gar nicht   Sehr

1   2   3   4   5   6   7   8   9   10

Wie gerne wirst Du bewundert?

Gar nicht   Sehr

1   2   3   4   5   6   7   8   9   10

Wie gut kannst Du Dich auf andere und deren Bedürfnisse einstellen?

Gar nicht   Sehr

1   2   3   4   5   6   7   8   9   10

Wie leicht fällt es Dir, fremde Menschen anzusprechen?

Gar nicht   Sehr

   1   2   3   4   5   6   7   8   9   10

Wie wichtig ist es Dir, mit dem, was Du tust, aufzufallen?

Gar nicht   Sehr

   1   2   3   4   5   6   7   8   9   10

Strengst Du Dich gerne an?

Gar nicht   Sehr

   1   2   3   4   5   6   7   8   9   10

Wie sehr lässt Du Dich von den Stärken anderer verunsichern?

Gar nicht   Sehr

   1   2   3   4   5   6   7   8   9   10

Was machst Du, wenn Du Dich unsicher fühlst?

....

....

Deine Stärken

*„Wenn du deine Möglichkeiten nicht kennst,
kennst du auch nicht deine Stärken."*
(Monika Kühn-Georg, dt. Schriftstellerin, *1942)

Wenn Du Dich mit Deinen Schwächen beschäftigst, werden automatisch unangenehme Gefühle wie Unzufriedenheit oder Scham in Dir geweckt. Du opferst Deine Energie für Probleme.
 Wenn Du Dich auf Deine Stärken fokussierst und Dich darauf konzentrierst, sie weiter auszubauen, richtest Du Deine Energie auf positive Dinge und fühlst Dich gleich besser. Du solltest Dich mit Deinen Stärken beschäftigen, auch wenn Du gerade vor einer schwierigen Situation stehst. Denn dadurch gehst Du weiter in die Richtung Deines Ziels.[46]
 Beantworte ohne Wertung die folgenden Fragen und schreibe alles auf. Du solltest die Antworten immer wieder ergänzen.

Was lieben Deine Mitmenschen an Dir?

....

....

In welchen Bereichen fragen Dich andere um Rat?

....

....

---

46 Vgl.: B. Schäfer: Die Gesetzte der Gewinner, dtv, 2001, S.35 ff.

In welchen Bereichen bist Du besser als andere?

....

....

Was fällt Dir sehr leicht?

....

....

Was ist für Dich ganz normal, was für andere nicht normal ist?

....

....

Welche Hobbys beherrschst Du aufgrund welcher Stärken besonders gut?

....

....

Arbeite gegen Deine inneren Widerstände

*„Aufwachen ist die beste Art,
seinen Traum wahr zu machen."*
(Muhammad Ali, US-amerikanischer Boxer, 1942-2016)

Unsere eigenen inneren Widerstände halten uns klein. Oft haben wir keine Lust, die gewohnten Pfade zu verlassen, weil wir Angst haben zu versagen. Manche sagen, dass die Zeit alles verändert, aber eigentlich kannst nur Du selbst es ändern. Wenn Du nach materiellem Reichtum, Ruhm und einem Leben in Saus und

Braus strebst und dabei die Entwicklung Deines eigenen Talents nicht genügend beachtest, wirst Du nicht ans Ziel kommen. Es ist unausweichlich, dass Du an Deiner eigenen Persönlichkeit und Qualifikation arbeitest, auch wenn Dir dies mühsam und wenig erstrebenswert scheint. Der beste Antrieb ist der tiefe innere Wunsch, das Leben zu führen, das Dir vorschwebt und das zu Dir passt. Es sind Dein Herzenswunsch und Dein Herzensanliegen, die Dir den Weg zu Deinem Ziel zeigen können.[47]

Wie sehr bist Du bereit, für Dein Ziel an Deinen Umgangsformen zu arbeiten?

Gar nicht   Sehr

1   2   3   4   5   6   7   8   9   10

Wie sehr bist Du bereit, für Dein Ziel an Deinem Ausdruck und Deiner Sprache zu arbeiten?

Gar nicht   Sehr

1   2   3   4   5   6   7   8   9   10

Um weiterzukommen, solltest Du stets an Dir selbst arbeiten, an Deiner Sprache und Deinem Auftreten. Erfolg ist ein Prozess, der sich aus vielen winzigen Schritten zusammensetzt.

Wie gut kannst Du über Deinen eigenen Schatten springen?

Gar nicht   Sehr gut

1   2   3   4   5   6   7   8   9   10

---

47 Vgl.: N Hill: Think and grow rich, FBV, 2018, S.41 ff.

Wie gut kannst Du Unbequemlichkeiten in Kauf nehmen?

Gar nicht   Sehr gut

   1   2   3   4   5   6   7   8   9   10

Wie gut kannst Du in Vorleistung treten?

Gar nicht   Sehr gut

   1   2   3   4   5   6   7   8   9   10

Wie gut kannst Du Zurückweisung aushalten?

Gar nicht   Sehr gut

   1   2   3   4   5   6   7   8   9   10

Wie gut kannst Du Provisorien und Zwischenlösungen akzeptieren?

Gar nicht   Sehr gut

   1   2   3   4   5   6   7   8   9   10

Hinterfrage Deine Lage und finde heraus:
Wie muss Dein Platz im Leben beschaffen sein, damit er sich für Dich gut anfühlt?

....

....

Bist Du mit dem aktuellen Zustand zufrieden?

....

....

In welche Richtung möchtest Du Dich entwickeln?

....

....

Was möchtest Du in nächster Zukunft haben oder erreichen?

....

....

Was musst Du tun, damit Dir das gelingt?

....

....

Welche Werte spielen dabei eine Rolle?

....

....

Worum geht es Dir: um Freiheit, persönliche Entwicklung, Unabhängigkeit, Ästhetik, eine bessere Welt?[48]

....

....

Warum?

....

....

„Wer sich traut, kann verlieren.
Aber wer sich nicht traut, hat schon verloren."
(Bertolt Brecht, dt. Dramatiker, 1898-1956)

---

48 Vgl.: D. Märtin: Hier geht's hoch, Campus 2023, S.76 ff.

13. Dein ganz persönlicher Platz im Leben[49]

Jeder Mensch ist ein Individuum mit eigenen Stärken, Schwächen, Hoffnungen, Wünschen und Ängsten. Aus diesem Grund hat auch jeder Mensch einen ganz persönlichen Platz im Leben, den er anstrebt und der gut für ihn ist. Es ist wichtig, dass Du erkennst, dass Du Deinen ganz eigenen Platz finden musst, nicht den Deiner Familie oder Deiner Freunde oder anderer Menschen. Dein Umfeld kennt Dich wahrscheinlich sehr gut und weiß auch in vielen Bereichen, was Du für Vorlieben, Wünsche und Träume hast, aber am Ende musst Du Dich damit wohlfühlen und für Dein Handeln die Verantwortung übernehmen. Bleibe daher ganz bei Dir und konzentriere Dich weiterhin darauf, was Dir Deine innere Stimme und Deine Gefühle sagen.

Kleine Veränderungen

*„Kleine Dinge sind verantwortlich
für große Veränderungen."*
(Afrikanisches Sprichwort)

Du kannst nur das ändern, was Dir bewusst ist. Denke einmal darüber nach, mit welchen Grundsätzen Du erzogen wurdest, zum Beispiel: „Sei sittsam und bescheiden, dann mag Dich jeder leiden". Dies ist ein Spruch, den man früher in sogenannte Poesiealben schrieb, Bücher, in die Freundinnen, Freunde und Verwandte gute Ratschläge und Wünsche schrieben. Natürlich ist es sehr angenehm, mit Menschen zu tun zu haben, die sich selbst in ihren Ansprüchen immer hinten anstellen, aber manchmal ist Bescheidenheit eine Tugend, die Dich nicht weiterbringt, weil

---

49 Vgl.: D. Märtin: Hier geht's hoch, Campus, 2023, S.154

Du immer wieder zurücksteckst und Deine eigenen Wünsche in den Hintergrund stellst. Solche einschränkenden Sätze solltest Du gegen Gedanken austauschen, die mehr Weite und Großzügigkeit in Dein Leben bringen. Zum Beispiel: In bestimmten Situationen muss ich mich für mich und meine Ziele einsetzen, damit ich näher an mein Ziel komme und damit meine Träume verwirklichen kann. Da ist Bescheidenheit nicht angebracht.

Wie denkst Du über Bescheidenheit?

....

....

Wie schätzt Du Dich selbst darin ein?

....

....

Hat Dich Deine Bescheidenheit in Deinem persönlichen Fortkommen schon einmal behindert? Wenn ja, warum?

....

....

Würdest Du heute wieder so handeln?

....

....

Es gibt Verhaltensweisen und Denkmuster, die durchaus notwendig sind. Zum Beispiel ist es wichtig, dass Du für Deine Mitmenschen als zuverlässig giltst, damit sie Dir vertrauen.

Wie wichtig ist Dir Zuverlässigkeit?

Gering   Sehr hoch

1   2   3   4   5   6   7   8   9   10

Wie zuverlässig bist Du?

Gar nicht   Sehr

1   2   3   4   5   6   7   8   9   10

Gibt es etwas, das Dich daran hindert, immer zuverlässig zu sein?

....

....

Es gibt aber auch Verhaltensmuster, die Dich am Träumen hindern können. Wenn Du Dir Deine Zukunft erträumst, sollte Dir bewusst sein, von welchen Denk- und Handlungsweisen Du beeinflusst wirst, und entscheiden, ob sie beim Träumen hinderlich oder förderlich sind. Zum Beispiel wurdest Du zu einem Menschen erzogen, der auf dem Boden der Tatsachen bleiben soll, der sich die Ziele nicht zu hochstecken soll, damit sie auch erreichbar sind. Genau dieser Ansatz ist aber beim Träumen und Zielefinden hinderlich, da er Dir starke Grenzen setzt, Grenzen, die Dich in Deiner Komfortzone halten und Dich nicht das träumen lassen, was Du Dir im tiefsten Inneren wünschst.

Welche einschränkenden Auffassungen, Verhaltensweisen oder Denkmuster hast Du, die Dich auf Deinem Weg zum Ziel beeinträchtigen?

....

....

Formuliere diese Sätze so um, dass sie Dir das Träumen und Wachsen ermöglichen.

....

....

Der persönliche Luxus

„Luxus: Kult um das Unnötige."
(Hans-Jürgen Quadbeck-Seeger, dt. Chemiker, *1939)

Luxus ist ein kostspieliger Aufwand, der nur dem Genuss und Vergnügen dienen soll. Er übersteigt stark den normalen, üblichen Rahmen, den man eigentlich den Dingen im Leben einräumt, sei es zeitlich oder finanziell. Für jeden ist Luxus etwas anderes. Es kann ein sinnliches Erlebnis (zum Beispiel gutes Essen), etwas besonders Kostbares im finanziellen Sinn (zum Beispiel ein besonderes Auto) oder etwas Außergewöhnliches (zum Beispiel Paragliding) sein. Was alle Luxusartikel oder Erfahrungen vereint, ist, dass sie weit über den durchschnittlichen Lebensstandard einer Gesellschaft hinausgehen.

In unserer sehr leistungsorientierten, hektischen und medial vernetzten Zeit ist Zeit an sich zu einem Luxusgut für manche Menschen geworden. Manche definieren für sich Luxus daher anhand der Zeit, die sie für sich haben. Das Bedürfnis nach Luxus heißt, dass sich jemand mehr als das zum Überleben Notwendige wünscht. Dazu gehören zum Beispiel auch Designerkleidung oder -möbel.

Was ist für Dich Luxus?

....

....

Träume sind Luxus des Denkens. Wovon träumst Du?

....

....

Große Träume sind der Luxus, den Du brauchst, um Deine großen Ziele zu erkennen.

Wenn Du immer nur realistisch und nüchtern die Dinge und Deine Zukunft betrachtest, wird Dich das kaum weiterbringen. Wenn Du aber Deinen Traum so verinnerlicht hast und ihn in Deinen Gedanken bereits lebst, trittst Du auch nach außen ganz anders auf. Das kann Dir den Weg ebnen.[50]

Schließe jetzt die Augen für 5 Minuten und träume Deinen Traum so realistisch, als wäre er bereits Realität. Wie fühlst Du Dich dabei?

....

....

Luxuserfahrungen sind keine Verschwendung. Luxuserfahrung ist kein Protz. Was sind für Dich Luxuserfahrungen?

....

....

---

50 Vgl.: N. Hill: Think an grow rich, FBV, 2018, S.89 ff.

Das Höchste

*"Der Drache lehrt: Wer hoch steigen will,
muss es gegen den Wind tun."*
(Chinesische Weisheit)

Viele Menschen streben nach einem sozialen Aufstieg, das heißt, sie möchten ihre finanzielle Situation, ihren Bildungsstand und ihre Lebenssituation verbessern. Der Aufstieg ist nicht mit einem Platz weiter vorne in der Gesellschaft vollendet. Erst wenn eine errungene Position auch zu Dir passt und Deinen Vorlieben entspricht, fühlst Du Dich auf dem Gipfel Deiner Wünsche angekommen. Ein guter Platz ist auch immer der, den wir selbst so einschätzen, unabhängig von unseren Mitmenschen, denn nur Du kannst in Dir spüren, wo Du hingehörst.[51]

Welchen Platz in der Gesellschaft hast Du als Ziel?

....

....

Welches Anliegen steht dahinter?

....

....

Woran erkennst Du, dass Du da bist, wo Du sein möchtest?

....

....

---

51 Vgl.: D. Märtin: Hier geht's hoch, Campus, 2023, S.113 ff.

Status umfasst auch eine hohe individuelle Komponente. Auch mit wem wir uns vergleichen, spielt eine Rolle: Soziale Klasse ist mehr als nur die Frage danach, wie viel man hat. Es ist auch die Frage danach, wie viel man glaubt, im Vergleich zu anderen zu haben.

Mit wem vergleichst Du Dich momentan?

....
....

Mit wem möchtest Du vergleichbar sein?

....
....

Was fehlt Dir noch, um mit der Person, mit der Du vergleichbar sein willst, auf einer Höhe zu stehen?

....
....

Wenn Du Dich in Deiner Umgebung und Position am richtigen Platz fühlst, strahlst Du das auch aus.

In welcher Umgebung fühlst Du Dich wohl? Wo möchtest Du einmal stehen?

....
....

Achte auf Deine innere Einstellung

> *„Achte auf Deine Gedanken,*
> *sie sind der Anfang Deiner Tat."*
> (Zen-Weisheit)

Unser Aussehen und unsere Umgangsformen offenbaren viel darüber, wer wir sind. Bei den Verhaltens- und Handlungsweisen gibt es einen kleinen sichtbaren und einen großen unsichtbaren Teil. Zum sichtbaren Teil gehören die Ausdrucksweise, die Manieren, die Kleidung. Der verborgene Teil ist unter anderem das psychologische Kapital. Dazu gehört auch eine individuelle Mischung aus Offenheit, Zuversicht und emotionaler Stabilität. Menschen, die mit sich und ihrer Position zufrieden sind, strahlen eine gewisse Souveränität aus.[52]

Wie offen bist Du gegenüber neuen Menschen, neuen Ideen, allem Neuen?

Gar nicht									Sehr
1	2	3	4	5	6	7	8	9	10

Wie zuversichtlich bist Du in Bezug auf Deine Zukunft?

Gar nicht									Sehr
1	2	3	4	5	6	7	8	9	10

---

[52] Ebd. S.143 ff.

Bist Du ein emotional stabiler Mensch?

Gar nicht   Sehr

1   2   3   4   5   6   7   8   9   10

Für einen Spitzenerfolg benötigt man unter anderem Anstrengungsbereitschaft, Pflichterfüllung, und Verlässlichkeit. Zudem brauchst Du Detailgenauigkeit und die Bereitschaft Dich einzusetzen und Druck auszuhalten. Die folgenden 5 Fragen solltest Du auch 3 weiteren Personen stellen, um herauszufinden, wie sie Dich einschätzen.

Wie pflichtbewusst bist Du?

Eigene Einschätzung

Gar nicht   Sehr

1   2   3   4   5   6   7   8   9   10

Person 1

Gar nicht   Sehr

1   2   3   4   5   6   7   8   9   10

Person 2

Gar nicht   Sehr

1   2   3   4   5   6   7   8   9   10

Person 3

Gar nicht · · · · · · · · · Sehr
1   2   3   4   5   6   7   8   9   10

Wie verlässlich bist Du?

Eigene Einschätzung

Gar nicht · · · · · · · · · Sehr
1   2   3   4   5   6   7   8   9   10

Person 1

Gar nicht · · · · · · · · · Sehr
1   2   3   4   5   6   7   8   9   10

Person 2

Gar nicht · · · · · · · · · Sehr
1   2   3   4   5   6   7   8   9   10

Person 3

Gar nicht · · · · · · · · · Sehr
1   2   3   4   5   6   7   8   9   10

Wie genau erledigst Du Deine Aufgaben?

Eigene Einschätzung

Gar nicht   Sehr

   1   2   3   4   5   6   7   8   9   10

Person 1

Gar nicht   Sehr

   1   2   3   4   5   6   7   8   9   10

Person 2

Gar nicht   Sehr

   1   2   3   4   5   6   7   8   9   10

Person 3

Gar nicht   Sehr

   1   2   3   4   5   6   7   8   9   10

Wie sehr bist Du dazu bereit, auch mehr zu arbeiten als eigentlich erwartet?

Eigene Einschätzung

Gar nicht   Sehr

   1   2   3   4   5   6   7   8   9   10

Person 1

Gar nicht   Sehr
  1   2   3   4   5   6   7   8   9   10

Person 2

Gar nicht   Sehr
  1   2   3   4   5   6   7   8   9   10

Person 3

Gar nicht   Sehr
  1   2   3   4   5   6   7   8   9   10

Wie gut kannst Du Druck aushalten?

Eigene Einschätzung

Gar nicht   Sehr
  1   2   3   4   5   6   7   8   9   10

Person 1

Gar nicht   Sehr
  1   2   3   4   5   6   7   8   9   10

Person 2

Gar nicht   Sehr

1   2   3   4   5   6   7   8   9   10

Person 3

Gar nicht   Sehr

1   2   3   4   5   6   7   8   9   10

Tagespläne erstellen

„Ein Ziel ohne Plan ist nur ein Wunsch."
(Larry Elder, amerikan. Radiomoderator, *1952)

Du musst wissen, was Du willst und auf welchem Niveau Du leben und arbeiten möchtest. Wenn Du ein Ziel vor Augen hast, musst Du auch mit Zeitdruck umgehen können. Mach Dir dafür Tages- und Wochenpläne, die Dir genau zeigen, wann Du was machen musst, um ein bestimmtes Ziel zu erreichen. Fertige diese Pläne immer wieder neu an und halte Dich daran. Das bringt Dich jeden Tag ein kleines Stück weiter, bis Du irgendwann am Ziel ankommst.

Tagesplan

Datum: ....

Ziel: ....

Was muss ich heute dafür tun:

....

....

Wochenplan

Ziel	
Datum	**Schritt**

Übertrage diesen Plan jede Woche neu auf ein Blatt Papier und fülle ihn wöchentlich neu aus. Mach es Dir zur Routine, Deine Wochenpläne immer an einem bestimmten Tag zu erarbeiten.

14. Eine Niederlage ist eine Chance[53]

*„Die Geduld nicht verlieren, auch wenn es
unmöglich erscheint, das ist Geduld."*
(Japanische Weisheit)

Jedem passieren Fehler, jeder Mensch landet einmal in einer Sackgasse. Das ist so! Es geht aber darum, wie wir mit einer solchen Situation umgehen. Du kannst Dich zurückziehen und Dich selbst bemitleiden oder aus solchen Situationen lernen. Sie können Dich stärker machen und weiterbringen. Wenn Du zum Beispiel eine Prüfung in den Sand gesetzt hast, dann kannst Du entweder darüber jammern und alle Welt dafür verantwortlich machen oder darüber nachdenken, warum die Prüfung so schlecht gelaufen ist und was Du beim nächsten Mal besser machen kannst. Wenn Du jedes Mal eine Situation, die aus Deiner Sicht nicht so gut verlaufen ist, reflektierst und daraus neue Herangehensweisen oder Verhaltensweisen ableitest, die Dich beim nächsten Mal weiterbringen, dann wirst Du immer besser und lernst ein Leben lang dazu.

Die Fähigkeit, an Krisen zu wachsen, ist eine großartige, denn Krisen treffen jeden und sie kommen immer wieder. Wenn Du weißt, wo und bei wem Du Dir Hilfe holen kannst oder wie Du Deinen Weg ans Ziel flexibel anpasst (der Weg, nicht das Ziel, ist flexibel), kannst Du aus jeder schwierigen Situation etwas Positives herausholen. Dafür brauchst Du eine widerstandsfähige Psyche, das heißt, wenn Dir etwas Negatives zustößt, sollte es Dich nicht aus der Bahn werfen und lähmen. Ein widerstandsfähiges Ich ist die beste Voraussetzung dafür, Dein Leben nach Deinen Wünschen zu gestalten. Die Eigenschaft, die in diesem Zusammenhang eine Rolle spielt, ist die Resilienz, auch Anpas-

---

53 Vgl.: B. Schäfer: Die Gesetze der Gewinner, dtv, 2001, S.65

sungsfähigkeit genannt. Sie ist der Prozess, in dem Personen auf Probleme und Veränderungen reagieren, indem sie sich mit ihrem Verhalten anpassen.[54]

Welche Situation stellt für Dich derzeit ein Problem dar?

....

....

Wie kannst Du jetzt reagieren?

1. ....

2. ....

Gibt es noch weitere Alternativen?

....

....

Hast Du etwas übersehen, wodurch Du in diese Situation gekommen bist?

....

....

Wo hast Du Dir etwas vorgemacht?

....

....

---

54 Vgl.: D. Märtin: Hier geht's hoch, Campus, 2023, S.131 ff.

Was musst Du korrigieren?

....

....

Was musst Du beim nächsten Mal ändern?

....

....

Was hast Du dazugelernt?

....

....

Diese Fragen kannst Du Dir bei jedem Problem immer wieder stellen.

Wenn Du keine Fehler machen willst, wirst Du wahrscheinlich immer bei dem bleiben, was Du schon kannst. Das bringt Dich aber nicht weiter und setzt Deiner Entwicklung Grenzen, die Dich wahrscheinlich nicht an Dein Ziel kommen lassen. Wenn Du besser werden willst, musst Du die Komfortzone verlassen, in der Du Dich auskennst. Da Du Dich in diesen neuen Bereichen noch nicht richtig zurechtfindest, sind Misserfolge vorprogrammiert. Daher rechne mit ihnen und lass Dich nicht von Deinem Weg, Deinen Zielen und Träumen abbringen. Nutze sie!

Wie gut kannst Du Dir Fehler zugestehen?

Gar nicht   Gut

   1   2   3   4   5   6   7   8   9   10

Wie fühlst Du Dich, was geht in Dir vor, wenn Du merkst, dass Dir ein Fehler unterlaufen ist?

....

....

Du kannst nur über Dich hinauswachsen, wenn Dich eine Bauchlandung nicht umbringt. Du musst Dir dann auch immer wieder vor Augen halten, was Du schon kannst und was Du bereits erreicht hast.

Formuliere einen kurzen Satz, der Dich bei einem Rückschlag wieder auf Kurs bringt und eine besondere Stärke in Dir betont (zum Beispiel: Ich lasse mich nicht unterkriegen, weil ich weiß, dass ich gut bin und mein Ziel erreichen werde).

....

....

Formuliere ein Statement, mit dem Du Deine Kompetenz überzeugend vermitteln kannst (zum Beispiel: Ich kann besonders gut auf Menschen eingehen und mich in sie hineinversetzen).

....

....

Es ist wichtig, dass Du Dich mit diesem Satz wohlfühlst und ihn Dir so oft wie möglich laut vorsagst. Glaube an Dich und Deine Ziele.

Du musst fest an Deine Träume, Deine Wünsche und Dein Anliegen glauben, dann entstehen konkrete Ideen und Pläne, mit denen Du Deine Ziele verwirklichen kannst. Glaube daran, dass all diese Gedanken auch tatsächlich verwirklicht werden können. Es geht hier nur um Dich, Du musst Dich vor niemandem rechtfertigen. Glaube an Dich selbst und an Deine unendlichen Möglichkeiten. Der Glaube an Dich, Deine Träume und Anliegen ist das Einzige, das Dir gegen Misserfolge helfen kann.

Fühle Deine Träume[55]

Verknüpfe Deine Gedanken mit Gefühlen, das heißt, wenn Du davon träumst, dass Du einmal Schriftstellerin bzw. Schriftsteller wirst, dann verbinde diese Vorstellung damit, wie stolz Du sein wirst, wenn Du Dein Buch in den Händen hältst. Stell Dir Deine Zukunft mit allen Sinnen vor. Dadurch werden Kräfte und Energien in Dir freigesetzt, die Dich Deinem Ziel näherbringen. Stell Dir vor, wie Du innerlich strahlen wirst, wenn Du Dein Ziel erreicht hast. Wenn Dein Traum ein Haus am Meer ist, verbinde mit dem Traum die sanfte Brise, die Dir durch das Haar weht, und die salzige Meeresluft. Fühle Deinen Traum. Vertraue Dir, glaube an Dich, denn die größte Schwäche ist mangelndes Selbstvertrauen.

Schreibe hier noch einmal Deinen Traum auf und formuliere die Dinge, die Du mit Deinen Sinnen bei der Vorstellung vom Traum spüren kannst.

....
....

---

55 Vgl.: N. Hill: Think and grow rich, FBV, 2018, S.89 ff.

Sag Dir immer wieder: „Ich weiß, dass ich mein erklärtes Ziel erreichen kann." Gehe mit Dir selbst einen Vertrag ein, in dem Du festlegst, dass Du beständig und unablässig auf Dein Ziel hinarbeiten wirst.

Beschreibe den Menschen, der Du sein möchtest.

....

....

Versetze Dich jeden Tag dreimal in die Situation, als wärst Du bereits dieser Mensch.

Schreibe hier 3 Deiner Stärken auf und sag sie Dir jeden Morgen.

1. ....
2. ....
3. ....

Wenn Du Dir Deine Stärken jeden Tag vor Augen hältst, hast Du bald ein so großes Selbstvertrauen entwickelt, dass Du Deine Ziele erreichen kannst.
   Glaube an Dich!

Entscheidungen treffen

> *„Alles auf der Welt kommt auf einen gescheiten Einfall und auf einen festen Entschluss an."*
> (Johann Wolfgang von Goethe, dt. Dichter, 1749-1832)

Die Meinungen anderer Menschen sind uns oft wichtig, weil wir glauben, dass wir dann nicht allein dastehen. Wir empfinden eine Verbundenheit, ein Gemeinschaftsgefühl. Wir lassen uns von den Meinungen anderer steuern, wenn wir kein richtiges eigenes Anliegen haben, denn nur mit einem starken persönlichen Anliegen haben wir auch die Stärke, der Meinung anderer zu widersprechen.

Wie sehr lässt Du Dich von der Meinung anderer beeinflussen?

Oft									Gar nicht
1	2	3	4	5	6	7	8	9	10

Warum?

....

....

Höre in Dich hinein, triff Deine eigenen Entscheidungen und lebe danach. Es geht hierbei nicht darum, dass Du viel über das, was Du vorhast, redest. Wahre Klugheit äußert sich nicht darüber, dass Du viel über Dich und Deine Pläne sprichst. Sie zeigt sich eher durch Bescheidenheit und Zurückhaltung. Wer viel redet, hat nicht genügend Zeit zum Handeln. Sobald Du ein Ziel erreicht hast, kannst Du aller Welt davon erzählen. Nicht unsere Worte sind das, woran wir gemessen werden, sondern unsere Taten.

Redest Du viel darüber, was Du gerade tust oder vorhast zu tun?

Oft   **Gar nicht**

1   2   3   4   5   6   7   8   9   10

Warum?

....

....

Wenn Du eine Entscheidung treffen willst, sind folgende Aspekte wichtig: ein dringendes Anliegen (Dein „Warum"), Entschlusskraft, der Glaube an Dich selbst, Durchhaltevermögen, Menschen, die Dich unterstützen, systematische Planung.[56]

An welchem der Aspekte musst Du noch arbeiten? Kreuze an!

Anliegen	
Entschlusskraft	
Glaube an Dich selbst	
Durchhaltevermögen	
Menschen finden, die Dich unterstützen	
Systematische Planung	

Wünsche, Ziele und Träume, denen ein dringendes Anliegen zugrunde liegt, werden meistens verwirklicht.

---

56 Vgl.: N. Hill: Think and grow rich, FBV, 2018, S.133 ff.

Notiere hier noch einmal Deine 3 größten Ziele und deren Anliegen.

Ziel 1 ....

Anliegen ....

Ziel 2 ....

Anliegen ....

Ziel 3 ....

Anliegen ....

Es ist wichtig, dass Du weißt, wo Du hinwillst, denn gewöhnlich macht die Welt den Menschen Platz, die durch ihre Worte und Taten zeigen, dass sie wissen, wo sie hinwollen.

Um an Dein Ziel zu kommen, brauchst Du auch Entschlusskraft, das heißt Mut zu Entscheidungen.

Wie hoch schätzt Du Deinen Mut ein?

Sehr niedrig   Sehr hoch

1   2   3   4   5   6   7   8   9   10

Was würde Dir helfen, noch mutiger zu werden?
Was hindert Dich daran, mutig zu sein?

....

....

Wie hoch schätzt Du Deine Entschlusskraft ein?

Sehr niedrig   Sehr hoch

  1   2   3   4   5   6   7   8   9   10

Was würde Deine Entschlusskraft stärken?

....
....

15. Gehe Deine Probleme an

*„Herausforderungen sind Geschenke, die uns zwingen,
nach einem neuen Stabilitätszentrum zu suchen.
Bekämpfe sie nicht. Finde einfach einen neuen Weg,
dich selbst zu positionieren."*
(Oprah Winfrey, Talkshow-Moderatorin
und Medienmagnatin, *1954)

Ein Problem ist dazu da, gelöst zu werden. Wenn Du ein Problem gut gelöst hast, lernst Du daraus und es macht Dich stärker. [57]

Welches Problem beschäftigt Dich derzeit am meisten?

....

....

Um ein Problem anzugehen und dann auch zu lösen, gibt es Problemlösungsfragen. Beantworte sie hier im Bezug auf Deine größte Herausforderung, der Du Dich derzeit stellen musst.

Was ist an diesem Problem/dieser Herausforderung bedeutend?

....

....

---

57 Vgl.: T. Robbins: Das Robbins Power Prizip, Allegria, 2004, S.207 ff.

Was ist noch nicht vollkommen?

....

....

Was bist Du bereit zu tun, damit es so wird, wie Du es willst?

....

....

Wie kannst Du Spaß haben, während Du tust, was nötig ist, damit es so wird, wie Du es willst?

....

....

Nicht nur Fragen, die Du stellst, sind wichtig und nehmen Einfluss auf Deine Zukunft. Auch die Fragen, die Du versäumst zu stellen, beeinflussen Deinen weiteren Weg.

Zu Deinem oben genannten Problem:
Was wäre der Nachteil, wenn Du dieses Problem jetzt nicht angingest?

....

....

Was könnte schlimmstenfalls in der Zukunft passieren?

....

....

Wie könntest Du das Problem dann lösen?

....

....

Fragen verändern sofort unsere Blickwinkel und unseren Gefühlszustand. Deshalb ist es auch wichtig, dass Du Dich jetzt von Deinem Problem distanzierst, um wieder in eine positive Grundstimmung zu kommen.

Worüber freue ich mich gerade?

....

....

Worüber könnte ich mich jetzt freuen, wenn ich glücklich sein wollte?

....

....

Wie würde ich mich dann fühlen?

....

....

Diese Fragen solltest Du Dir immer wieder stellen, wenn ein neues Problem auftritt.

Durchhaltevermögen

> *„Vertraue dem Prozess. Deine Zeit kommt. Erledige einfach die Arbeit und die Ergebnisse werden sich von selbst regeln."*
> (Tony Gaskins, Motivationsredner, *1984)

Durchhaltevermögen ist wesentlich für die Umsetzung Deiner Ziele. Dies setzt Willenskraft voraus. Mangelnde Ausdauer ist der Hauptgrund für Misserfolg und nur durch ein dringendes Anliegen kannst Du Durststrecken überstehen. Nur wenn Du Ausdauer entwickelst, kommst Du zu Erfolg. Auch Sportlerinnen und Sportler müssen lange und hart trainieren, um ihre Ziele zu erreichen. Ohne Ausdauer geht es nicht. Manchmal scheint es Dir, als würdest Du durch alle möglichen frustrierenden Erfahrungen auf die Probe gestellt werden. Aber in jedem Fehlschlag findest Du etwas, das eine positive Entwicklung hervorrufen kann. Lass Dich nicht entmutigen. In Dir steckt eine unbezwingbare Kraft, die Dir hilft weiterzumachen. Lass Dich von Deiner Umgebung nicht negativ beeinflussen, sodass Du aus lauter Angst vor Kritik nicht so lebst und träumst, wie Du es willst.

Ausdauer basiert auf bestimmten Faktoren. Kreuze an, wozu Du Dich bereits klar bekennen kannst.

Ein klares Ziel: Wissen, was man will!
Ja   Nein

Ein Anliegen
Ja   Nein

Selbstvertrauen
Ja   Nein

Konkrete Planung
Ja　　　　　　　　Nein

Sicheres Wissen
Ja　　　　　　　　Nein

Wenn Du „Nein" angekreuzt hast, denke darüber nach, woran das liegen könnte. Beantworte auch folgende Fragen:

Was hindert Dich daran, ein klares Ziel zu formulieren (zum Beispiel: Angst davor, sich festzulegen...)?

....

....

Was hindert Dich daran, ein klares Anliegen zu formulieren?

....

....

Was hindert Dich daran, eine klare Planung aufzusetzen?

....

....

Wie kannst Du Dir ein sicheres Wissen aneignen, das Dich bei der Erreichung Deines Ziels genügend unterstützt?

....

....

Wer erfolgreich sein will, muss seine Schwächen kennen und sie in den Griff bekommen. Dazu gehören auch Aspekte, die in den folgenden Fragen betrachtet werden:

Kannst Du klar definieren, was Du wirklich willst?

Nein					Ja
1	2	3	4	5	6	7	8	9	10

Triffst Du Entscheidungen eher zögerlich?

Nein					Ja
1	2	3	4	5	6	7	8	9	10

Hast Du großes Interesse am Erwerb von Fachwissen?

Nein					Ja
1	2	3	4	5	6	7	8	9	10

Bist Du unentschlossen?

Nein					Ja
1	2	3	4	5	6	7	8	9	10

Findest Du gerne Ausreden?

Nein					Ja
1	2	3	4	5	6	7	8	9	10

Bist Du uneinsichtig?

Nein   Ja
   1   2   3   4   5   6   7   8   9   10

Bist Du eher gleichgültig?

Nein   Ja
   1   2   3   4   5   6   7   8   9   10

Kannst Du Dir Fehler eingestehen?

Nein   Ja
   1   2   3   4   5   6   7   8   9   10

Engagierst Du Dich gerne?

Nein   Ja
   1   2   3   4   5   6   7   8   9   10

Fühlst Du Dich schnell entmutigt?

Nein   Ja
   1   2   3   4   5   6   7   8   9   10

Kannst Du gut systematisch planen?

Nein   Ja
   1   2   3   4   5   6   7   8   9   10

Wie reagierst Du auf Ideen und Chancen?

Nein   Ja

1   2   3   4   5   6   7   8   9   10

Neigst Du eher dazu, Dir etwas zu wünschen, als es zu wollen?

Nein   Ja

1   2   3   4   5   6   7   8   9   10

Würdest Du Dich eher mit Armut abfinden, statt nach Reichtum zu streben?

Nein   Ja

1   2   3   4   5   6   7   8   9   10

Suchst Du den einfachen Weg, um an Geld zu kommen?

Nein   Ja

1   2   3   4   5   6   7   8   9   10

Hast Du Angst vor Kritik?

Nein   Ja

1   2   3   4   5   6   7   8   9   10

Ausdauer entwickeln

*„Ausdauer wird früher oder später belohnt –
meistens aber später."*
(Wilhelm Busch, humoristischer dt. Dichter
und Zeichner, 1832-1908)

Meistens scheitert man nicht daran, dass nicht genug Ideen oder Ziele vorhanden sind, die man erreichen will, sondern daran, dass das Durchhaltevermögen fehlt. Dass man sich von Rückschlägen zu sehr beeinflussen lässt oder in einer Sackgasse landet und den Weg nicht mehr zurückfindet.

Der Begriff Ausdauer wird vor allem im Sport verwendet. Ausdauer ist hier die Fähigkeit, eine Anforderung ohne Ermüdung möglichst lange durchzuführen sowie einem ermüdungsbedingten Abbruch möglichst lange zu widerstehen. Übertragen auf Deine Ziele bedeutet das, dass Du Dein Anliegen und Dein Ziel nicht aus den Augen verlieren darfst, denn das hilft Dir, gegen Ermüdungsanzeichen zu kämpfen.

Ich habe immer wieder erwähnt, dass Dein Anliegen für Deine Ziele eine zwingende Voraussetzung ist, um ans Ziel zu kommen. Demnach ist Dein Anliegen auch eine wichtige Voraussetzung, um durchzuhalten und Durststrecken zu überstehen. Mein Ziel ist es zum Beispiel, dieses Buch zu veröffentlichen, mein Anliegen dahinter ist es, Menschen zu helfen, ihren Weg zu finden, und sie bei der Umsetzung ihrer Träume zu unterstützen. Das treibt mich jeden Tag an, an diesem Buch weiterzuschreiben und es immer wieder zu überarbeiten.

Schreibe hier noch einmal Dein Ziel und das Anliegen, das dahintersteht, auf.

Ziel: ....

Anliegen: ....

Hast Du bereits einen konkreten Plan, wie Du Dein Ziel erreichen kannst? Hast Du Dir konkrete kleine Schritte überlegt, die Du jeden Tag gehen willst, um dein Ziel zu erreichen?
Schreibe sie hier noch einmal auf:

1. ....
2. ....
3. ....
4. ....
5. ....

Welchen Satz hast Du Dir ausgesucht, der Dich immer wieder auf den Weg zurückbringt?

....
....

Du brauchst eine Einstellung, die Dich gegen alle negativen und entmutigenden Einflüsse abschottet.

Welche Personen können Dich auf Deinem Weg unterstützen?

1. ....
2. ....
3. ....
4. ....
5. ....

All dies hast Du in den vorangegangenen Kapiteln bereits erarbeitet, Dir vor Augen geführt und notiert. Es ist wichtig, dass Du Dir diese Aspekte immer wieder vor Augen hältst.

16. Resümee

Sich Gedanken über die eigene Zukunft zu machen, kann sehr viel Spaß machen, aber auch sehr anstrengend sein. Vielleicht hast Du zu diesem Zeitpunkt noch nicht auf alle Fragen eine Antwort. Manchmal ist das Finden von Antworten ein längerer Prozess, vor allem wenn es darum geht, seine eigenen Werte und Regeln, nach denen man leben will, zu finden. Auch wird es so sein, dass sich diese immer mal wieder ändern können, weil sich die Schwerpunkte im Leben verschieben. Als Schülerin oder Schüler lebt man zum Beispiel nach anderen Regeln als Berufstätige oder Eltern. Wichtig ist jedoch, dass Dich Deine Werte tragen und positiv beeinflussen und dass Dich die Regeln, nach denen Du lebst, nicht herunterziehen und einschränken, sondern zufrieden und glücklich machen.

Zu träumen ist eine wunderbare Fähigkeit. Sie hilft uns alles, was in der Realität nicht umsetzbar ist, in Gedanken wahr werden zu lassen. Es ist wichtig, dass wir diese Fähigkeit nutzen, denn durch sie können wir auch herausfinden, was wir in unserem Leben erreichen möchten und uns wünschen. Sobald Du weißt, was Du Dir wünschst bzw. worauf Du nicht verzichten möchtest, ist es unausweichlich, durch die richtigen Entscheidungen ins Handeln zu kommen und den Weg zu Deinem Ziel anzufangen und zu beschreiten. Dabei ist es auch wichtig, einen Plan aufzustellen, vor allem für die Zeiten, in denen es Dir schwerfällt, den Weg zu Deinem Ziel weiterzugehen. Du hast Dir in diesem Teil des Buches Gedanken gemacht, wie Du auf Deinem Weg bleiben kannst und was Dich wieder zurückführen wird. Auch diese Liste kannst Du immer weiter ergänzen.

Wenn Du Dein Ziel verwirklichen willst, musst Du Deine Komfortzone verlassen, denn nur dort liegt das Neuland, das Du mit Deinen Zielen erobern willst. Fehler zu machen, ist gut, wenn Du sie zu Deinem Vorteil nutzt, aus ihnen lernst und dadurch besser wirst. Und bedenke: Wenn Probleme auf Dich zukommen, stelle Dich ihnen und gehe sie an. Probleme lösen sich nicht durch bloßes Wegschauen, sondern indem man ihnen bewusst entgegentritt und nach Lösungen sucht. Dabei ist es hilfreich, Probleme als Herausforderungen zu sehen, an denen Du wachsen kannst.

Vergiss bei all diesen vielen Gedanken nie, Dir Verbündete zu suchen. Menschen, die Dich unterstützen, Dir guttun und Dich begleiten. Nutze Deine Stärken. Sie werden Dich zu Deinem ganz persönlichen Platz in Deinem Leben bringen.

Teil III

Gestalte Deine finanzielle Zukunft

I. Einführung

Dieser Teil des Buches soll Dir dabei helfen zu wissen, was Du finanziell erreichen möchtest, wo Du Dich in Zukunft siehst und wie Du Deine finanziellen Ziele erreichen kannst.

Es ist eine kurze Anleitung, die Dir zeigt, wie Du mit Deinem Geld zurechtkommen kannst. Allerdings wird es keine Ratschläge zur Geldanlage geben. Dazu gibt es sehr viel Literatur von Personen, die sich viel besser mit diesem Thema auskennen. Wenn Du Dich noch mehr mit dem Thema auseinandersetzen willst, sieh Dir die Liste von Büchern im Anhang an. Sie vertiefen die in diesem Teil aufgegriffenen Themen. Nur durch Bildung und durch Training Deines Gehirns wirst Du auch den Erfolg erlangen, den Du Dir wünschst.[58]

Es wird wenig über Geld gesprochen. Geld ist ein Tabuthema. Dabei ist Geld sehr wichtig. Damit es uns nicht beherrscht, müssen wir das Richtige lernen, um über das Geld zu herrschen. Sprich über Geld! Informiere Dich über Geld! Schreib Deine Gedanken und Erfahrungen über Geld auf, zum Beispiel in einem Tagebuch. Mach Deine eigene Buchführung, indem Du Monat für Monat aufschreibst, was Du einnimmst und ausgibst.

Wie auch in den ersten beiden Teilen dieses Buches, ist eine Voraussetzung, dass Du Dir selbst gegenüber ehrlich bist. Beim Thema Geld ist es sehr wichtig, dass Du Deine Emotionen im Griff hast, dass Du keine Angst vor dem Thema hast und ihm Zeit widmest. Bevor Du im Bereich Finanzen tätig wirst, solltest Du immer gut informiert sein.

Auch wenn die Zeit der Rente noch in weiter Ferne liegen mag, solltest Du Dich mit dem Thema Geld auseinandersetzen, da der Staat Dich nicht mehr sicher in dem Maße versorgen kann, dass die staatliche Rente ausreicht. Zeit spielt hier mit die wichtigste Rolle, also fang jetzt an, Dich um Deine Finanzen zu kümmern.

---

58 Vgl.: R.T. Kiyosaki: Rich Dad Poor Dad, FBV, 2015, S.69 ff.

2. Deine Beziehung zu Geld[59]

*„Geld ist nur ein Werkzeug. Es wird dich hinbringen,
wohin du willst, aber es wird dich nicht als Fahrer ersetzen."*
(Ayn Rand, russisch-US-amerikanische Bestsellerautorin, 1905-1982)

Geld wird in Deinem Leben immer eine Rolle spielen, also musst Du Dich damit wohlfühlen. Das Thema Geld spielt fast überall eine Rolle, nur wird kaum darüber gesprochen. Das Zitat am Anfang dieses Kapitels besagt, dass Du mit Geld sehr viel machen kannst, Du kannst vor allem für Dich Du Deine Mitmenschen sorgen und auch Gutes tun, wenn genügend da ist. Aber die Voraussetzung dafür ist, dass Du über dieses Thema Bescheid weißt, dass Du weißt, wie man Geld einsetzen muss, damit es reicht und damit es auch für Dich arbeitet.

Wünschst Du Dir, dass über das Thema Geld mehr gesprochen wird?

Ja   Nein

Hast Du das Gefühl, dass die Schule Dich zu wenig auf die Welt vorbereitet/vorbereitet hat, weil sie das Thema Finanzen außen vor lässt?

Ja   Nein

Hörst Du in Deiner Familie/in Deinem Freundeskreis manchmal: „Das können wir uns nicht leisten!"?

Ja   Nein

---

[59] Vgl.: R. Kiyosaki: Rich Dad Poor Dad für Teens, FBV, 2021, S.5 ff.

Kannst Du Dir manchmal Dinge, die Dir wichtig sind, nicht kaufen, da sie zu teuer sind?

Ja   Nein

Machst Du Dir Gedanken über Deine finanzielle Zukunft?

Ja   Nein

Hast Du Sorge, dass Du einmal nicht so leben kannst, wie Du es Dir wünschst?

Ja   Nein

Interessiert Dich das Thema Geld, aber in Deinem Umfeld spricht niemand darüber?[60]

Ja   Nein

Sobald Du ein „Ja" angekreuzt hast, solltest Du Dich um das Thema „Geld" kümmern und Dir genügend Zeit für Dein Geld nehmen. Habe keine Angst, aber sei ehrlich und vor allem: Habe Spaß an dem Thema!

---

60 Vgl.: ebd., S. 5

3. Über Geld reden

„Ein Narr und sein Geld geben ein großes Fest."
(Sprichwort)

Gespräche, die mit dem Thema Geld zu tun haben, führt fast niemand gerne. Sie sind aber wichtig! Ein finanziell ungebildeter Mensch gibt Geld aus, ohne zu überlegen, so wie es das Sprichwort oben sagt. Viele Menschen vertreten die Ansicht, dass Geld den Charakter verdirbt. Aber eigentlich verhält es sich anders: Geld macht in der Regel unsere menschlichen Schwächen deutlich. Wenn wir Geld übrig haben, zeigt das, wofür wir es ausgeben, sehr deutlich, auf was wir Wert legen und was uns wirklich wichtig ist. Genauso verhält es sich übrigens mit Macht. Auch sie zeigt, wenn wir welche besitzen, wer wir eigentlich sind.

Geld genießt nicht den besten Ruf. Es heißt, es mache nicht glücklich und niemanden reich. Es sei außerdem die Wurzel allen Übels. Vor allem dort, wo es fehlt, trösten sich Menschen mit dem Gedanken, Geld sei nicht so wichtig.

Aber Geld spielt eine wichtige Rolle im Leben. Dabei ist es wichtig zu sehen, ob Geld Dich beherrscht oder ob Du die Macht über Dein Geld hast. Ob Du Dein Potenzial entfalten kannst, hängt auch von Deiner Finanzkraft ab. Das heißt, wenn Du genügend Geld hast, um Deine Zeit so zu gestalten, dass sie sinnvoll ist, Du Deine Stärken ausbauen kannst und etwas dazulernen kannst, dann kannst Du dieses Gelernte auch dazu nutzen, um finanziell erfolgreicher zu werden. Auch ist es so, dass Geldmangel oft das Selbstwertgefühl schwächt. Daher schützen sich diejenigen, die weniger Geld zur Verfügung haben, indem sie das, was sie nicht haben, verurteilen oder abwerten.[61]

---

61 Vgl.: R.T. Kiyosaki: Rich Dad Poor Dad, FBV, 2015, S.45 ff.

Wie wird in Deiner Umgebung über Geld geredet?

....

....

Welchen Stellenwert hat Geld in Deinem Umfeld?

....

....

Lebst Du jetzt so, wie Du es Dir für später auch erhoffst oder vorstellen kannst?

Ja   Nein

Wenn ja: Was ist Dir wichtig, was gefällt Dir?
Wenn nein: Was möchtest Du für Dich in Deinem Leben ändern?

....

....

Welche Ansicht vertrittst Du?

- „Geld verdirbt den Charakter"
  oder
- „Geld verrät den Charakter"?

Warum?

....

....

Was bedeutet „reich sein" für Dich?

....

....

Was ist Deine größte Angst in Bezug auf Geld?

....

....

Wie wird in Deinem Umfeld mit Geld umgegangen?

....

....

Wie wird in Deiner Umgebung, Deinem Freundes- und Familienkreis über Managergehälter und Unternehmer/Unternehmerinnen geredet?

....

....

Was wünschst Du Dir in Deinem Leben?
Fertige eine Liste mit all Deinen Wünschen an, das können materielle Dinge sein wie ein Haus, ein Auto ... oder auch Mitgliedschaften in Vereinen, Lebensstil ...

Materielle Wünsche

....

....

Mitgliedschaften

....

....

Lebensstil

....

....

Sonstiges

....

....

Es gibt Menschen, die die Meinung vertreten, dass man umso reicher ist, je mehr man verzichten kann. Stimmst Du dem zu? Warum?

....

....

Wie wichtig ist Dir finanzielle Unabhängigkeit?

Gar nicht   Sehr

   1   2   3   4   5   6   7   8   9   10

Legst Du bereits regelmäßig Geld zurück?

Ja   Nein

Wie viel?
....
....

Mit welchem Ziel?
....
....

Wofür brauchst Du Geld?
....
....

Wofür möchtest Du später Geld haben?
....
....

Welches Leben passt zu Dir?
....
....

Welche Rolle spielt dabei Geld?
....
....

Wenn Du ein selbstbestimmtes Leben führen möchtest, musst Du eine gewisse Bildung zum Thema Finanzen besitzen. Nur wenn Du Dich in diesem Thema auskennst, wirst Du anderen gegenüber nicht ausgeliefert sein. Du brauchst einen klaren Überblick über Deine Finanzen und einen klaren Blick auf Deine Ziele und Wünsche. Eigne Dir so viel Wissen in diesem Gebiet an, wie Du kannst, und mache Dich so fit, dass Du selbstständig Entscheidungen treffen kannst.

Um welches Thema in Bezug auf Deine Finanzen musst und willst Du Dich zuerst kümmern?

....

....

Wo erhältst Du darüber Informationen (zum Beispiel Internet, Bücher, Freunde, Verwandte ...)?

....

....

Dein Bestreben muss es sein, Dein Vermögen immer größer werden zu lassen. Dies wird Dir Unabhängigkeit erlauben.

4. Dein innerer Reichtum

*„Die besten Dinge im Leben sind nicht die,
die man für Geld bekommt."*
(Albert Einstein, theoretischer Physiker, 1879-1955)

Kapital und Reichtum bestehen nicht nur aus Geld, sondern vor allem daraus, wie Du Dich selbst in Deine Umgebung einbringst, sodass diese von dir profitiert. Das können kleine Dinge sein, wie anderen Menschen Nachhilfe geben, bis hin zu größeren Aktionen, wie eine Veranstaltung in einem Altenheim organisieren und mitgestalten. Verdienten Wohlstand erlangst Du, indem Du Dich nützlich machst. Dieser Wohlstand kann Geld bedeuten oder auch Ansehen oder Zuneigung.[62]

Was tust Du bereits, das für die Menschen um Dich herum oder die Gesellschaft nützlich ist?

....
....

Was möchtest Du einmal tun, das für die Gesellschaft nützlich ist?

....
....

---

62 Vgl.: B.Schäfer: Die Gesetze der Gewinner, dtv, 2001, S.41 ff.

Was ist für Dich innerer Reichtum?

....

....

Welchen Stellenwert hat innerer Reichtum für Dich?

Keinen   Einen sehr hohen

   1   2   3   4   5   6   7   8   9   10

5. Geld und Gefühle

*"Reichtum hat nicht der, der ihn hat,
sondern der, der ihn genießt."*
(Benjamin Franklin, amerikan. Staatsmann, 1706-1790)

Das Thema Geld ist stark mit Gefühlen verknüpft. Wenn wir zu wenig haben, geht es uns nicht gut, aber es belastet uns auch, wenn wir nicht wissen, wie wir unser Geld sinnvoll oder sinnstiftend einsetzen können.

Schreibe Deine Gefühle und Erfahrungen mit Geld auf. Das ist eine Chance herauszufinden, wo Du gerade stehst und wo Du finanziell hinwillst.

Wie denkst Du über Geld?

....

....

Welche Gefühle verbindest Du mit Geld?

....

....

Welche Erfahrungen hast Du mit Geld gemacht (positive wie negative)?

………………………………………………………………………

………………………………………………………………………

Warum willst Du reich bzw. wohlhabend werden? Oder warum ist Dir das nicht wichtig?

………………………………………………………………………

………………………………………………………………………

6. Legen wir los!

„*Wie wir unser Geld ausgeben, verrät, wer wir sind.*"
(Robert Kiyosaki, amerikan. Geschäftsmann und Autor, *1947)

Je früher Du damit anfängst, etwas zurückzulegen und Dich mit dem Thema Geld auseinanderzusetzen, desto besser. Ich habe erst mit Mitte 40 damit angefangen. In dem Alter ist es schon recht spät, um so viel Geld zurückzulegen, dass es für die Altersvorsorge reicht. Aber ich merke, dass es sich trotzdem lohnt, und das gibt mir weiteren Ansporn dranzubleiben.

Geld kann uns die Freiheit geben, die Welt zu bereisen und die Kontrolle über das eigene Leben und die eigene Zeit zu haben. Es kann uns unabhängiger machen, aber wenn wir nicht die Kontrolle über unsere Finanzen haben, kann es auch dazu führen, dass das Geld die Kontrolle über uns übernimmt.

Wenn Du etwas erreichen willst, brauchst Du dafür ein starkes Motiv. Setze Dir ein Ziel, vielleicht sogar ein großes, denn ohne Ziel ist alles im Leben schwer.

Welche finanziellen Ziele hast Du? Definiere Deine Ziele so genau wie möglich, zum Beispiel mit konkreten Zahlen und Beträgen.

....

....

Warum willst Du diese Ziele unbedingt erreichen?

....

....

Überlege, wofür Du im letzten halben Jahr Dein Geld ausgegeben hast.

....

....

Wenn wir an Geld denken, denken wir als Erstes an Vermögenswerte. Wirklich wichtig und die Voraussetzung für Erfolg, sei es im finanziellen Sinne oder im beruflichen Bereich, ist aber die Bildung. Bildung ist die Grundlage des Erfolgs. Diese erhältst Du oder hast Du größtenteils in der Schule erhalten, in Deinem Elternhaus oder durch Freundinnen und Freunde. In der Schule und der Ausbildung lernst Du schulische Fähigkeiten und berufliche Fertigkeiten (Lesen, Textanalyse, Mathe ...). Die Fähigkeit, mit Geld umzugehen, kannst Du meistens nur in der Welt außerhalb des Klassenzimmers erlernen.

In welchen Bereichen in Bezug auf das Thema „Geld" möchtest Du mehr erfahren und Dich weiterbilden?

1. ....
2. ....
3. ....
4. ....

Was kannst Du tun, um in den oben genannten Bereichen mehr Bildung/mehr Wissen zu erlangen (sparsames Leben, Aktien, Geldanlagen ...)?

Zu 1. ....
....

Zu 2. ....
....

Zu 3. ....
....

Zu 4. ....
....

Unternimm jede Woche etwas, um in den von Dir genannten Bereichen mehr Wissen zu erlangen und Deinen Verstand zu schulen. Dein Verstand ist das mächtigste Werkzeug und die Voraussetzung für Erfolg!

7. Selbstdisziplin

*„Disziplin ist die Folge von Einsicht,
dass man sich Zwänge auferlegen muss."*
(Monika Kühn-Görg, dt. Autorin, *1967)

Um finanziell erfolgreich zu sein, braucht es auch ein hohes Maß an Selbstdisziplin. Da Du wahrscheinlich den ersten Teil des Buches bereits durchgearbeitet hast, kennst Du nun Deine Stärken und Schwächen und weißt auch, wie Du mit ihnen umgehen musst bzw. wie Du sie anwenden kannst, um auf Deinem Weg weiterzukommen.

Denke daran: Selbstdisziplin ist eine große Macht! Ich selbst hatte damit immer wieder Probleme, da ich vor allem meinen Kindern gerne schöne Dinge kaufen wollte. Das führte dazu, dass immer wieder das Geld knapp war und die Autoreparatur, die auf einmal anstand, zu einer finanziellen Herausforderung wurde. Nun lege ich immer, wenn Geld bei mir eingeht, sei es bar oder direkt auf das Konto, sofort 30 % auf ein Extrakonto zurück. Innerhalb kürzester Zeit hat sich dort einiges angesammelt.

Es ist wichtig, dass Du Deine Stärken kennst. Besinne Dich auf Dich und Deine Stärken und glaube nicht, dass Du mit irgendjemandem mithalten musst.

Nenne 3 Situationen, in denen Du unbedacht Geld ausgibst.

1. ....
2. ....
3. ....

Welche Gefühle herrschen dann in Dir vor?

Zu 1. ....

....

Zu 2. ....

....

Zu 3. ....

....

Denke Dir 3 alternative Möglichkeiten aus, die Dich in so einer Situation vom unkontrollierten Geldausgeben abhalten können.

1. ....
2. ....
3. ....

Bevor Du etwas willst, musst Du Dir zuerst darüber Gedanken machen, was Du geben möchtest. Überlege daher immer, ob Dir das, wofür Du Geld ausgeben willst, auch jenes wert ist.
Entschlossenheit ist wichtig, um durch schwierige Phasen zu kommen. Lass Dich nicht durch andere von Deinen Zielen ablenken. Nur Du bestimmst darüber, wie Du leben willst, und Du solltest die Weichen für Dein Leben so stellen, dass Du dort ankommst, wo Du hinmöchtest. Denn, sollte einmal etwas schief gehen, weil Du auf Deine Mitmenschen gehört hast, wirst Du die Verantwortung dafür übernehmen müssen, keine andere Person wird das für Dich tun.
Ein wirklich intelligenter Mensch begrüßt neue Ideen. Sei daher offen für Neues.

8. Vermögenswerte und Verbindlichkeiten

„Eine Investition in Wissen bringt noch immer die besten Zinsen."
(Benjamin Franklin, Gründervater der Vereinigten Staaten, 1706-1790)

Viele Menschen konzentrieren sich mehr auf Geld als auf ihre Bildung. Sei offen dafür, stets dazuzulernen und flexibel zu sein. Wenn Du gebildet bist, hast Du es leichter, Probleme zu lösen und Wege zu finden, um Geld zu verdienen und zu vermehren. Wenn Du Dich nicht finanziell bildest, bedeutet das, dass das Geld bald weg ist. Auf lange Sicht kommt es nicht darauf an, wie viel Geld man verdient, sondern wie viel Geld man von dem, was man erhält, behält. Daher musst Du lernen, wie Du Geld zusammenhältst und vermehrst. Es ist sehr wichtig, dass Du den Unterschied zwischen Vermögenswerten und Verbindlichkeiten kennst.[63]

Was sind für Dich Vermögenswerte?

....

....

Was sind für Dich Verbindlichkeiten?

....

....

---

63 Vgl.: R. Kiyosaki: Rich Dad Poor Dad für Teens, FBV, 2021, S.75 ff.

Ein Vermögenswert sorgt dafür, dass Geld zu Dir zurückfließt (zum Beispiel Aktien, Immobilien). Eine Verbindlichkeit zieht Dir Geld aus der Tasche (zum Beispiel ein Auto, ein Handy). Überprüfe nochmals Deine Auflistung und ändere sie gegebenenfalls. Wenn Du reich werden willst, solltest Du Dich auf den Erwerb von Vermögenswerten konzentrieren.

9. Regeln, um das Geld zusammenzuhalten

Damit Du mit Deinem Geld zurechtkommst, solltest Du Dich an ein paar Regeln halten. Das Wichtigste ist, dass Du weniger ausgibst, als Du verdienst oder an Geld zur Verfügung hast. Wenn Du dann die Differenz zwischen den Einnahmen und Ausgaben zum Beispiel in Aktien anlegst, kannst Du Dir in den nächsten Jahren ein kleines Vermögen aufbauen.

Hier stehen 4 wichtige Regeln zum Umgang mit Geld:

1. Kaufe nicht zu viele Verbindlichkeiten (Kauf auf Raten ...) oder Gegenstände zum Verbrauch.

Welche Gegenstände besitzt Du, die eine Verbindlichkeit sind?

....

....

2. Halte Deine Ausgaben gering.

Was gibst Du im Durchschnitt im Monat für Luxus oder Überflüssiges aus (besondere Kleidung, Kosmetik, Kinobesuch, Essengehen ...)? Schreibe Deine Ausgaben 6 Monate auf und errechne den Durchschnitt.

Monat 1:
Monat 2:
Monat 3:
Monat 4:
Monat 5:
Monat 6:

Durchschnittliche Ausgaben:

3. Vermindere die Verbindlichkeiten (zum Beispiel Abonnements wie Netflix ...).

Welche Abonnements besitzt Du?

....

....

Von welchen könntest Du Dich trennen?

....

....

Von welchen weiteren Verbindlichkeiten könntest Du Dich trennen oder sie verringern (zum Beispiel Leasingvertrag eines sehr großen Autos, teurer Handyvertrag)?

....

....

4. Bilde eine solide Grundlage von Vermögenswerten.

Was sind für Dich attraktive Vermögenswerte (wie zum Beispiel Gold, Immobilien, Aktien, ETFs ...)? Schreibe alles auf, wovon Du auch träumst, aber achte darauf, dass es Vermögenswerte und nicht Verbindlichkeiten sind.

....

....

5. Lege zuerst Geld für Dich zurück.

Wenn Du von dem Geld, das Du erhältst, zuerst einen festgelegten Betrag zur Seite legst (zum Beispiel auf ein Tagesgeldkonto oder in einen Sparplan für einen ETF oder Gold), dann hast Du für alle anderen Ausgaben direkt weniger zur Verfügung und gehst anders mit dem verfügbaren Budget um. Wenn Du immer nur das zurücklegst, was übrig bleibt, dann vermittelst Du Dir unbewusst, dass Du mehr Geld zur Verfügung hast und Du wirst weniger Geld sparen, als wenn Du zuerst sparst und dann schaust, wie Du Dein übriges Geld verteilst und ausgibst.

Wie viel Geld erhältst Du monatlich?

....

....

Wie viel davon sind 10 %?

....

....

Wie viel davon sind 20 %?

....

....

Du solltest zwischen 10 % und 20 % Deiner Einnahmen zurücklegen. Wie hoch ist der genaue Betrag, den Du ab jetzt zurücklegen wirst?

....

....

Dieses Geld solltest Du niemals anfassen. Sobald sich Deine Einnahmen erhöhen, passe auch Deinen Sparbetrag an. Du wirst sehen, innerhalb kürzester Zeit wird sich ein kleines Vermögen aufbauen.

10. Finanziellen Problemen vorbeugen

„Wenn du dich in einem Loch befindest, hör auf zu graben."
(Sprichwort)

Beim Thema Finanzen ist es außerordentlich wichtig, dass Du ehrlich zu Dir selbst bist. Die Macht der Selbsterkenntnis ist die größte. Wenn Du nicht siehst, dass Du über Deine Verhältnisse lebst, dann wirst Du immer mehr in finanzielle Schwierigkeiten geraten. Viele Menschen wollen zu einer bestimmten Gruppe dazugehören, koste es, was es wolle. Sie lassen ihre persönliche Situation außer Acht und geraten dadurch in Schwierigkeiten. Es ist wichtig, dass nur Du darüber entscheidest, was mit Deinem Geld passiert. Lass Dich nicht von der Masse verführen, sie übernimmt auch nicht die Verantwortung, wenn etwas schiefgeht. Viele finanzielle Probleme ergeben sich, weil man mit dem Strom schwimmt und versucht, mit dem Lebensstil anderer mitzuhalten. Durch finanzielle Bildung kannst Du aber lernen, diesem Sog zu widerstehen. Konzentriere Dich nicht darauf, Statussymbole zu ergattern. Sie ziehen Dir das Geld aus der Tasche.

Konzentriere Dich auf Deine eigenen Angelegenheiten, das heißt darauf, Vermögenswerte zu schaffen. Fang klein an, aber bleib dabei und wenn sich Deine finanzielle Situation verbessert, zum Beispiel durch eine Gehaltserhöhung, dann investiere einen größeren Teil in Deine Vermögenswerte.

Wenn Du noch nicht berufstätig bist, denke einmal darüber nach, wie viel Taschengeld Du bisher bekommen hast. Schreibe dann größere Sparziele, die Du erreicht hast, auf. Das können ein Handy, ein Computer, früher mal ein Kuscheltier oder andere Dinge sein, die Du Dir irgendwann einmal zusammengespart und gekauft hast. Dann schau, wie viel Geld Du bereits zurückgelegt hast. Wenn Du berufstätig bist, überschlage Dein bisher erhaltenes Gehalt und schreibe auch die größeren Sparziele auf, die Du bisher erreicht hast bzw. das, was Du bisher zurückgelegt hast.

Ungefähre Summe des bisher erhaltenen Taschengeldes/Gehaltes:

....

....

Sparziele, die ich erreicht habe:

Sparziel	Kosten

Diese Summe habe ich angespart:

....

....

Wie fühlst Du Dich jetzt?

....

....

Wenn Du eine Summe angespart hast, ist das eine großartige Leistung, denn dazu gehört viel Selbstdisziplin. Nun geht es darum, dieses Geld so anzulegen, dass es auch für Dich arbeitet.

II. Kümmere Dich um Deine Finanzen

*„Ich lege mein Geld jetzt in Gehirn an.
Das ist heutzutage seltener als Gold."*

(Unbekannt)

Bildung ist die wichtigste Voraussetzung, damit Du in Deinem Leben zurechtkommst. Viele Menschen halten nicht inne, um zu hinterfragen, ob etwas sinnvoll ist. Sie laufen einfach der Herde nach und geben sinnlos Geld aus, nur damit sie dazugehören. Damit Du auch in Zukunft mit Deinem Geld zurechtkommst und keine Probleme mit dem Thema hast, musst Du Dich an bestimmte Regeln halten:

a. Zahlungsunfähig wird man dann, wenn man einen Euro mehr ausgibt, als man einnimmt.
b. Notsituationen sind Situationen, die früher oder später eh passieren, man ist nur nicht vorbereitet.
c. Bilde Rücklagen für alles, was irgendwie kommen kann.
d. Vermeide Verpflichtungen, die Du Dir bei genauerem Hinsehen gar nicht leisten kannst (zum Beispiel ein Auto).
e. Gib kein Geld aus, das Dir nicht gehört.
f. Mache Deine Ausgaben transparent und sei ehrlich zu Dir selbst.
g. Wirke unvorhergesehenen Ausgaben durch Planung entgegen.
h. Rechne dich arm, rechne vor allem nie mit Geld, das Du erwartest, sondern nur mit dem, was Du hast.[64]

---

64 Vgl.: R. Kiyosaki: Rich Dad Poor Dad für Teens, FBV, 2021, S.243 ff.

Was kannst Du jetzt tun? Beantworte die Fragen zu den oben genannten Bedingungen.

Hast Du schon einmal mehr Geld ausgegeben, als Du hattest?

Ja   Nein

Wenn ja, wann und warum?

....

....

Wie hast Du Dich danach gefühlt?

....

....

Was hast Du getan, um dieses Loch wieder zu stopfen?

....

....

Hast Du Rücklagen für Notsituationen (zum Beispiel Autoreparaturen, neue Schuhe)?

....

....

Hast Du Dir schon einmal Dinge gekauft, die Du Dir eigentlich nicht leisten konntest?

Ja   Nein

Wenn ja, wann und in welcher Situation?

....

....

Wie hast Du Dich danach gefühlt?

....

....

Was hast Du getan, um dieses Geld wieder einzusparen?

....

....

Hast Du Dir schon einmal Geld geliehen?

Ja   Nein

Wenn ja, wann und in welcher Situation?

....

....

Wie hast Du Dich danach gefühlt?
....
....

Was hast Du getan, um dieses Geld wieder zurückzuzahlen?
....
....

Verplanst Du ab und zu Dein Geld schon im Voraus?

Ja   Nein

Wenn ja, wann und in welcher Situation?
....
....

Wie fühlst Du Dich danach?
....
....

12. Luxusanschaffungen

*„Überflüssiges kostet uns immer viel,
viel mehr, als es wert ist."*
(Ernst Ferstl, österreichischer Lehrer, Dichter, *1955)

Jeder Mensch liebt Luxus. Wenn wir uns etwas außerhalb der Norm gönnen, dann macht uns das für den Moment glücklich und wir fühlen uns besonders. Leider kommt danach oft das schlechte Gewissen zum Vorschein, weil wir das Geld dazu eigentlich gar nicht übrighatten. Daher solltest Du in Bezug auf Luxus folgende Regeln beachten, ansonsten könnten Dich diese Ausgaben in eine sehr schwierige Situation bringen.

1. Luxusartikel solltest Du Dir nur leisten, wenn Geld übrig ist.
2. Luxus sollte eine Belohnung sein.

Was ist für Dich Luxus?

....
....

Welche Möglichkeiten siehst Du, Dir diesen zu leisten?

....
....

Wie fühlst Du Dich, wenn Du Dir etwas, das Du gerne hättest, nicht leisten kannst?

....

....

Wenn Du Dich dann schlecht fühlst: Was kann Dir aus dieser Situation helfen?

....

....

13. Mit Misserfolgen umgehen

„Wer einen Fehler macht und ihn nicht korrigiert, macht einen zweiten."
(Konfuzius, chinesischer Philosoph, 551-479 v. Chr.)

Die Art und Weise, wie ein Mensch im Leben mit Misserfolgen umgeht, macht den Unterschied im Leben aus. Gewinnen heißt, keine Angst vor Niederlagen zu haben. Das Thema, wie Du mit Niederlagen umgehst, wurde schon in einem früheren Abschnitt aufgegriffen. Da es aber sehr wichtig ist und auch beim Thema Finanzen eine große Rolle spielt, soll es hier noch einmal erwähnt werden.

Wie gehst Du mit Niederlagen um?

....

....

Wie hilfst Du Dir aus einer misslichen Lage wieder heraus?

....

....

Die Kunst ist es, die Niederlagen als Herausforderungen zu sehen und die Chance zu entdecken, aus ihnen zu lernen. Wenn Du zum Beispiel einmal über Deine Verhältnisse Geld ausgibst, kann Dir der Schmerz, den Du danach empfindest, helfen, über Dein Verhalten nachzudenken und es zu ändern, damit Du nicht wieder in solch eine Situation gerätst. Versuche, eine Katastrophe in eine Chance umzuwandeln.[65]

---

65 Vgl.: T.Robbins: Wie aus kleinen Veränderungen große Unterschiede werden, FBV, 2017, S.39 ff.

Folgende Fragen können Dir bei erneuten Misserfolgen helfen, die schwierige Lage in eine Chance umzuwandeln. Gehen wir dies einmal an einem vergangenen Beispiel durch:

Was war Deine größte Niederlage?

....
....

Wo lag das Problem?

....
....

Worin lag die Chance?

....
....

Was musste geändert werden?

....
....

Was konntest Du rückblickend aus der Niederlage lernen?

....

....

Was hast Du unternommen, um nicht mehr in diese missliche Lage zu geraten?

....

....

In der Schule werden Fehler bestraft. In der realen Welt sind Fehler kostbar, sofern man sie sich eingesteht, sie anerkennt und sie als Mittel einsetzt, um in Zukunft bessere Entscheidungen zu treffen.

Versuche, gegen die Stimme des Zweifels anzugehen. Lass sie nicht so laut werden, dass sie Dich am Handeln hindert. Wenn Du zu den Gewinnerinnen und Gewinnern gehören möchtest, analysiere Deine Situation und lerne daraus.[66]

Schreibe am besten auf einen Zettel folgenden Satz und lege ihn Dir an einen gut sichtbaren Ort: „Jede Niederlage ist eine Chance, besser zu werden."

---

66 Vgl.: R.T. Kiyosaki: Rich Dad Poor Dad, FBV, 2015, S.213 ff.

14. Zeit als Ressource

„Es ist nicht so, dass wir wenig Zeit haben,
sondern eher, dass wir viel davon verschwenden."
(Seneca, röm. Philosoph, †65 n. Chr.)

Es ist wichitg, dass DuDeine Zeit sinnvoll nutzt. Faulheit und Trägheit hindern Dich daran vorwärtszukommen.
Zähle einmal auf, was Du am Tag machst und wie viel Zeit Du damit verbringst.

Tätigkeit	Zeit

Markiere nun das, was Dich weiterbringt, wo Du etwas lernst oder was für Dich und Dein Wohlbefinden wichtig ist.
Gibt es etwas, was Du an Deinem Tagesablauf ändern könntest, wodurch Zeit für finanzielle Bildung frei wird?

....

....

Was kannst Du Dir momentan nicht leisten, das Du Dir unbedingt wünschst und das Dir den Ansporn gibt, Dich um Dein Geld zu kümmern?

Das möchte ich mir leisten können:	Das ist der Grund, warum ich mir das leisten können will:

Es ist wichtig, dass Du zu dem stehst, was Du Dir wünschst und was Du in Deinem Herzen für richtig hältst. Egal, ob Du etwas tust oder es unterlässt, was Du für richtig hältst, Kritik erntest Du sowieso.

Was kann Dir helfen, wenn Du merkst, dass Du für Deine Entscheidung Gegenwind bekommst?

1. ....
2. ....
3. ....

Mit dem, was Du weißt, kannst Du Geld verdienen und mit dem, was Du nicht weißt, Geld verlieren. Deshalb ist Bildung der wichtigste Vermögenswert![67] Solltest Du merken, dass Du von einer

---

67 Vgl.: R.T. Kiyosaki: Rich Dad Poor Dad, FBV, 2015, S.69 ff.

Sache keine Ahnung hast, informiere Dich schleunigst. Durch Wissen kannst Du auch Deine Ängste in den Griff bekommen. Besuche daher Kurse, lies viele Bücher und informiere Dich im Internet. Zur weiteren Lektüre habe ich am Ende dieses Buches im Kapitel „Literaturhinweise" einige Bücher aufgelistet, die ich selbst gelesen habe und die mir bei meiner finanziellen Planung geholfen haben. Sie vertiefen die in diesem Teil aufgegriffenen Themen.

Welche Menschen können Dich bei Deinen finanziellen Vorhaben unterstützen?

....

....

Wann, zu welcher Tageszeit oder an welchem Wochentag, ist Deine Zeit für finanzielle Bildung? Lege Dich jetzt fest und verpflichte Dich dazu, etwas für Dein Wissen über Geld zu tun.

....

....

Es ist wichtig, dass Du zu handeln anfängst, denn die Zeit ist das wichtigste Gut, das Dir zur Verfügung steht. Nutze die Zeit auch dafür, Dich weiterzubilden, denn Risiko entsteht dort, wo man nicht weiß, was man tut. Du musst die Verantwortung für Deine finanzielle Situation selbst übernehmen und darfst nicht andere darüber entscheiden lassen, denn sie übernehmen auch nicht die Verantwortung, wenn etwas schiefgeht.

„Für gute Gewohnheiten bezahlen Sie in der Gegenwart, für schlechte in der Zukunft."
(Unbekannt)

15. Mit Durchhaltevermögen ans Ziel

*„Sie können die richtige Richtung einschlagen,
aber wenn Sie nicht weit genug gehen,
werden Sie nirgendwohin kommen."*
(Sandhguru, indischer Guru, *1957)

Ausdauer ist ein wesentlicher Faktor beim Thema Geld. Du darfst Dich nicht entmutigen lassen, wenn mal etwas schiefgeht, denn die Zeit kann die Fehler wieder ausbügeln. Mangelnde Ausdauer ist bei allen Projekten der Hauptgrund für Misserfolg. Wie bei allen Zielen brauchst Du auch bei den finanziellen ein Anliegen, einen Grund, warum Du das Ziel erreichen willst. Wenn Du weißt, warum Du etwas tust, entwickelst Du auch die nötige Ausdauer.[68]

Warum willst Du Deine finanziellen Ziele erreichen?

1. ....
2. ....
3. ....

Viele Menschen gestatten Angehörigen, Freunden und Freundinnen sowie der breiten Öffentlichkeit, sie stark zu beeinflussen. Das kann dazu führen, dass sie aus lauter Angst vor Kritik nicht selbstbestimmt leben. Daher ist es auch wichtig, einmal darüber nachzudenken, wer oder was Dich in Bezug auf Deine finanziellen Wünsche und Ziele prägt.

---

[68] Vgl.: N. Hill: Think and grow rich, FBV, 2018, S.41 ff.

Welche Menschen beeinflussen Dich in Deinen finanziellen Entscheidungen?

....

....

Setze Dir ein konkretes finanzielles Ziel (es kann ein Sparziel, eine bestimmte Gehaltshöhe oder etwas Materielles sein).

....

....

Warum willst Du es erreichen?

....

....

Was brauchst Du, was musst Du tun,, um Dein Ziel zu erreichen? Erstelle einen Plan.

Das muss ich tun	Bis zu diesem Zeitpunkt werde ich es umsetzen

Stelle Dich innerlich so auf, dass negative Einflüsse von außen an Dir abprallen. Welche Möglichkeiten hast Du, Dich gegen negative Einflüsse zu schützen?

1. ....
2. ....
3. ....
4. ....
5. ....

Wer kann Dich auf Deinem Weg zu Deinem Ziel unterstützen?

1. ....
2. ....
3. ....
4. ....
5. ....

In jedem Fehlschlag liegt der Keim für eine positive Entwicklung. Lass Dich nicht entmutigen. Diejenigen, die sich trotz Fehlschlägen nicht von ihrem Weg abbringen lassen, bekommen Hilfe von einer unbezwingbaren Kraft, die sie weitergehen lässt. Glaube an Dich und Deine Fähigkeiten, dann kann Dich nichts aufhalten.[69]

---

69 Vgl.: N. Hill: Think and grow rich, FBV, 2018, S. 28 f.

16. Zusammenfassung

Hier stelle ich Dir noch einmal die wichtigsten Aussagen, was das Thema Umgang mit Geld betrifft, zusammen:

- Lebe nicht über Deine eigenen Verhältnisse.
- Der Luxus kommt zum Schluss.
- Lerne aus Fehlern.
- Sei auf Enttäuschungen vorbereitet und lerne aus ihnen.
- Definiere klare Ziele (10 Jahre, 5 Jahre, 1 Jahr).

„Reich wird einer nicht durch das, was er verdient, sondern durch das, was er nicht ausgibt."
(Henry Ford, amerikanischer Erfinder, 1863-1947)

17. Resümee

Nun hast Du auch den letzten Teil geschafft und konntest noch einige Fragen für Dich klären, die Deine finanzielle Zukunft betreffen. Wichtig ist, noch einmal hervorzuheben, dass dieser dritte Teil nur einen kleinen Anstoß bietet, damit Du Dich um Deine Finanzen kümmerst und Dich mit dem Thema Geld auseinandersetzt. Dabei hilft es, immer wieder Deine Beziehung zu Geld zu überdenken, vielleicht ändert sie sich ja etwas im Laufe der Zeit.

Achte darauf, wie Du über Geld redest, denn das wirkt sich auf Deinen Umgang mit der Materie aus. Auch solltest Du immer wieder Deine Gefühle hinterfragen, die Du mit dem Thema Geld oder dem Ausgeben von Geld verbindest. Du solltest die Macht über Dein Geld haben, nicht andersherum.

Auch das Thema Selbstdisziplin wurde angesprochen. Um ein angenehmes Gefühl in Bezug auf Geld zu bekommen, musst Du so handeln, dass Du auf unvorhergesehene Probleme vorbereitet bist und ein Ziel vor Augen hast, das Dir ein gutes Gefühl gibt und Dich auf Deinem Weg hält. Schau auf Deine eigenen Bedürfnisse, denn nur Du weißt, was Du wirklich brauchst. Wenn etwas schlecht läuft, übernimmt kein anderer die Verantwortung dafür. Bleibe bei Dir und sieh nicht ständig das, was andere haben. Die Zeit ist ein sehr wichtiger Faktor, daher:

Leg los!

Starte in Dein Leben, in Deinen ganz persönlichen Traum!

18. Einen Haushaltsplan erstellen

Ein Haushaltsplan hilft Dir, über Deine Ausgaben und Einnahmen den Überblick zu behalten. Durch ihn erfährst Du, wo Dein Geld hinfließt, wo Du eventuell einsparen könntest und wie viel Du im Monat wirklich zum Leben brauchst. Manchmal ist es sehr mühsam, seine Ausgaben immer wieder zu notieren und es macht auch ab und zu überhaupt keinen Spaß. Aber es lohnt sich! Auch hier ist es unabdingbar, dass Du ehrlich bleibst, ansonsten holt Dich dieses Thema immer wieder ein und Du kommst auf Deinem Weg nicht weiter bzw. mit Deinem Geld nicht aus.

Auf den folgenden Seiten findest Du fiktive Kontoauszüge von 3 Monaten. Lies sie Dir aufmerksam durch und trage die Positionen unten in die entsprechenden Tabellen ein. Es gibt Ausgaben, die regelmäßig monatlich, vierteljährlich oder auch jährlich getätigt werden, und solche, die nur einmal abgezogen werden.

MUSTERBANK
Kontoauszug-Beispiel

Herr	Ihre Ansprechpartnerin
Martin Mustermann	Mira Musterperson
Musterstraße 123	Muster Bank
12345 Musterstadt	56789 Musterstadt
	Telefon 1111-2222222

Kontoauszug Januar-März/2021
Privatgirokonto 00000000, DE11 0000 0000 1111 1111 00
Seite 1 von 3

Datum	Erläuterung	Betrag
	Kontostand am 31.12.2020	32,00 -
Januar		
01.01.2021	Gehalt Schokoland	**1850,00 +**
01.01.2021	Haftpflichtversicherung	5,00 -
02.01.2021	Fondssparen Musterplan	50,00 -
03.01.2021	Dauerauftrag Miete Musterwohnung	450,00 -
03.01.2021	Strom Musterstrom	18,00 -
05.01.2021	Handyvertrag	9,00 -
05.01.2021	Netflix	8,00 -
05.01.2021	Tankstelle Musterland sagt Danke	52,00 -
05.01.2021	Hausratsversicherung	12,00 -
06.01.2021	McDonalds sagt Danke	15,00 -
08.01.2021	KFZ-Steuer	75,00 -
09.01.2021	PENNY SAGT DANKE// Musterstadt	62,00 -
10.01.2021	H&M sagt Danke// Musterstadt	40,00 -
15.01.2021	KFZ-Versicherung	585,00 -
17.01.2021	Essen mit Freunden	25,00 -
18.01.2021	Aldi sagt Danke//Musterstadt	55,00 -
19.01.2021	Geburtstagsgeschenk Tante Erna	**50,00 +**

20.01.2021	Naturschutzverein Quartalsbeitrag	15,00 -
20.01.2021	Handyversicherung Jahresbeitrag	34,00 -
20.01.2021	Fitnessstudio Musterfit Quartalsbeitrag (01-03.2021)	135,00 -
22.01.2021	Tankstelle Musterland sagt Danke	47,00 -
25.01.2021	Amazon Prime Jahresbeitrag	89,00 -
28.01.2021	Aldi sagt Danke//Musterstadt	72,00 -
29.01.2021	Mexico Essen	38,00 -
	Februar	
01.02.2021	Gehalt Schokoland	**1850,00 +**
01.02.2021	Haftpflichtversicherung	5,00 -
02.02.2021	Fondssparen Musterplan	50,00 -
02.02.2021	Essen gehen mit Freunden	30,00 -
03.02.2021	Dauerauftrag Miete Musterwohnung	450,00 -
03.02.2021	Strom Musterstrom	18,00 -
05.02.2021	Handyvertrag	9,00 -
05.02.2021	Netflix	8,00 -
05.02.2021	Hausratsversicherung	12,00 -
08.02.2021	Tankstelle Musterland sagt Danke	42,00 -
09.02.2021	PENNY SAGT DANKE// Musterstadt	53,00 -
10.02.2021	Amazon sagt Danke//Musterstadt	85,00 -
15.02.2021	Essen gehen mit Freunden	30,00 -
18.02.2021	Aldi sagt Danke//Musterstadt	55,00 -
24.02.2021	Tankstelle Musterland sagt Danke	44,00 -

28.02.2021	Aldi sagt Danke//Musterstadt	58,00 -
29.02.2021	IKEA sagt Danke	138,00 -
März		
01.03.2021	Gehalt Schokoland	1850,00 +
01.03.2021	Haftpflichtversicherung	5,00 -
02.03.2021	Fondssparen Musterplan	50,00 -
03.03.2021	Dauerauftrag Miete Musterwohnung	450,00 -
03.03.2021	Strom Musterstrom	18,00 -
03.03.2021	Netto sagt Danke	24,00
05.03.2021	Handyvertrag	9,00 -
05.03.2021	Kreditrückzahlung vierteljährlich (Smartphone)	60,00 -
05.03.2021	Jahresbeitrag Hundeverein	90,00 -
05.03.2021	Netflix	8,00 -
05.03.2021	Hausratsversicherung	12,00 -
07.03.2021	Essen gehen mit Freunden	30,00 -
09.03.2021	Lidl SAGT DANKE// Musterstadt	64,00 -
10.03.2021	McDonalds sagt Danke// Musterstadt	25,00 -
12.03.2021	Nagelstudio Musterstadt	40,00 -
15.03.2021	Disney Plus Quartalsabrechnung	25,00 -
17.03.2021	Essen gehen mit Freunden	30,00 -
24.03.2021	Tankstelle Musterland sagt Danke	44,00 -
28.03.2021	Aldi sagt Danke//Musterstadt	58,00 -
29.03.2021	IKEA sagt Danke	138,00 -

Trage die jeweiligen Posten in die Tabellen ein.

Nicht monatlich fixe Ausgaben

Erläuterung	Betrag	Abbuchungs-rhythmus	Betrag pro Monat

Monatlich fixe Ausgaben

Versicherungen	Betrag
Gesamt	

Wohnen	Betrag
Gesamt	

Kommunikation/Unterhaltung	Betrag
Gesamt	

Freizeit	Betrag
Gesamt	

Mobilität (Auto ...)	Betrag
Gesamt	

Bankgeschäfte	Betrag
Gesamt	

Sonstiges	Betrag
Gesamt	

Monatlich fixe Einnahmen

Erläuterung	Betrag
Gesamt	

Verfügbares monatliches Budget ohne Abzüge

Summe aller fixen Einnahmen pro Monat	

Fixe Ausgaben Betrag

Gesamt Versicherung	
Gesamt Wohnen	
Gesamt Kommunikation	
Gesamt Unterhaltung	
Gesamt Freizeit	
Gesamt Mobilität	
Gesamt Bankgeschäfte	
Gesamt Sonstiges	
Summe aller fixen Ausgaben pro Monat	

Summe aller fixen Einnahmen pro Monat:

....

Summe aller fixen Ausgaben pro Monat:

....

Verfügbares Budget pro Monat

....

Bezahle zuerst Dich selbst (20 %)

....

Endgültig verfügbares Budget pro Monat

....

Verfügbares Budget pro Woche (:5)

....

Sparziele

Ziel	Kosten	Sparrate
Urlaub	800,–	
Auto	5 000,–	
Handy	600,–	
Tablet	1 200,–	

Variable Ausgaben pro Monat

Monat	Art der Ausgabe	Betrag
Januar		
	insgesamt	
Februar		

		insgesamt	
März			

	insgesamt	

Wenn Du mit den Eintragungen fertig bist, solltest Du Dir alles noch einmal genau anschauen. Ist der Haushaltsplan stimmig? Sind die Sparziele realistisch? Gibt es Verbesserungsmöglichkeiten im Umgang mit dem vorgegebenen Budget? Danach solltest Du für Deine Ausgaben auch solche Tabellen anlegen. Je eher Du damit anfängst, desto schneller siehst Du, wo Dein Geld hingeht bzw. wo Du noch Einsparpotenzial hast. Habe Spaß dabei!

Epilog

Dieser Spruch hängt über meinem Schreibtisch:

„*Du bist stark.*
Weil du deine Schwächen kennst.
Du bist mutig.
Weil du dich deinen Ängsten stellst.
Du bist schön.
Weil du dich liebst, wie du bist.
Du bist klug.
Weil du weißt, was du nicht weißt.
Du bist glücklich.
Weil du dich dazu entschieden hast."
(Verfasser unbekannt)

Den eigenen Weg zu finden und ihn dann auch zu gehen, ist eine große Herausforderung. Das Wichtigste dabei ist, dass Du auf Dich hörst, Dir gegenüber ehrlich bleibst und zu Dir stehst, denn nur Du kannst und darfst darüber bestimmen, wo Du hingehst. Ich hoffe, dass ich Dir mit diesem Buch und den vielen Fragen eine Möglichkeit aufzeigen konnte, wie Du Deinen ganz persönlichen Weg durch das Leben finden und gehen kannst. Und vergiss nicht, Spaß dabei zu haben! Ich wünsche Dir von Herzen alles Gute für Deinen weiteren Lebensweg.

Danksagung

Dieses Buch wäre nie entstanden, wenn nicht meine 3 wichtigsten Menschen im Leben Rücksicht genommen und mir den Rücken freigehalten hätten. Ich danke vor allem meinem Lebensgefährten André, der in der Zeit, in der ich am Buch saß, die Kinder beaufsichtigte, kochte und den Haushalt führte. Und ich danke meinen Kindern, die viele Stunden auf ihre Mutter verzichten mussten, was sie mir dann auch einmal sehr deutlich gesagt haben, woraufhin ich meine Tages- und Wochenstruktur umgestellt habe.

Auch bei meinen vielen Freundinnen und Freunden möchte ich mich bedanken, die sich immer wieder die Idee von diesem Buch anhören mussten und die Fragen und Texte lasen und beantworteten, um mir rückzumelden, ob das alles so stimmig sei. Vor allem möchte ich mich bei meiner besten Freundin Rese bedanken.

Zum Schluss möchte ich noch Lily erwähnen, eine wunderbare Schülerin, die mir durch ihre direkte und erfrischende Art sehr geholfen hat, dieses Buch auch interessant zu gestalten.

Literaturhinweise

Die folgenden Bücher habe ich gelesen und sie haben mich in vielen Dingen weitergebracht und zu diesem Buch inspiriert. Sie vertiefen vieles, was in diesem Buch steht.

Zum Thema Lebensweg:

- Clear, James : Die 1 % Methode, Goldmann, 2020
- Ferris, Timothy: Die vier Stunden Woche, Ullstein 2015
- Goleman, Daniel: Emotionale Intelligenz, dtv, 1997
- Märtin, Doris: Hier geht's hoch, Campus, 2023
- Obama, Michelle: Becoming, Penguin, 2021
- Obama, Michelle: Das Licht in uns, Goldmann, 2022
- Robbins, Tony: Wie aus kleinen Veränderungen Große Unterschiede werden, Finanzbuchverlag, 2017
- Robbins, Tony: Das Robbins Power Prinzip, Allegria, 2004
- Schäfer, Bodo: Die Gesetze der Gewinner, dtv, 2001
- Robbins, Tony: Unangreifbar, Finanzbuchverlag, 2017
- Zitelmann, Rainer: Setze Dir größere Ziele, Redline, 2019

Zum Thema Finanzen:

- Becker, Hedwig: Erfolgreich Geld sparen, 2020
- Fischer, Alex D.: Reicher als die Geissens, AF Media, 2016
- Hagstrom, Robert G.: Warren Buffett – Sein Weg. Seine Methode. Seine Strategie, Börsenbuchverlag, 2016
- Heller, Gottfried: Der einfache Weg zum Wohlstand, Finanzbuchverlag, 2012
- Hill, Napoleon: Think and grow Rich, Finanzbuchverlag, 2018
- Kehl, Thomas & Linke, Mona: Das einzige Buch, das Du über Finanzen lesen solltest, Ullstein, 2022

- Kiyosaki, Robert T.: Rich Dad Poor Dad, Finanzbuchverlag, 2014
- Kiyosaki, Robert T.: Rich Dad Poor Dad für Teens, Finanzbuchverlag, 2021
- Kiyosaki, Robert T.: Rich Kid Smart Kid, Finanzbuchverlag, 2019
- Kiyosaki, Robert T.: Der Cashflow-Quadrant, Finanzbuchverlag, 2022
- Kiyosaki, Robert T.: Steigern Sie Ihren finanziellen IQ, Finanzbuchverlag, 2019
- Möller, Klaus: Financial Wellness, Campus, 2023
- Robbins, Tony: Money, Finanzbuchverlag, 2015

Bücher, die ich noch lesen möchte, weil ich glaube, dass ich viel daraus lernen könnte und sie mir viel geben könnten:

- Assig, Dorothea: Ambition, Campus, 2019
- Dalio, Ray: Die Prinzipien des Erfolgs, Finanzbuchverlag, 2019
- Fleisch, Sabrina: Meine Reise zu mir selbst, Remote Verlag, 2021
- Griga, Michaela: Buchhaltung, Wiley-VCH, 2021
- Kostolany, André: Die Kunst über Geld nachzudenken, Ullstein, 2015
- Märtin, Doris: Habitus, Campus, 2019
- Märtin, Doris: Exzellenz, Campus, 2021
- Märtin, Doris: Smart Talk, Campus, 2013
- Marshall, Tim: Die Macht der Geographie, dtv, 2017
- Marshall, Tim: Die Macht der Geographie im 21. Jahrhundert, dtv, 2023Marshall, Tim: Die Geographie der Zukunft, dtv, 2023
- Obama, Barak: Ein amerikanischer Traum, dtv, 2009
- Obama, Barak: Ein verheißenes Land, Penguin, 2020

Die Autorin

Leonore Schagen, Jahrgang 1977, ist seit über 16 Jahren leidenschaftlich gerne Lehrerin an einem Gymnasium in Frankfurt am Main. Sie sieht ihre Aufgabe nicht nur darin Wissen zu vermitteln, sondern auch den Schülerinnen und Schülern Halt zu geben und sie auf ihrem Lebensweg zu begleiten. Dabei sind ihr vor allem die Begegnung auf Augenhöhe und ein wertschätzender Umgang wichtig.

Im Laufe ihrer beruflichen Karriere hat sie mit unterschiedlichen Menschen und Gruppen zusammengearbeitet, sie unterstützt und beraten. In ihrer Zeit als Praktikantin im Bereich des Kulturmanagements betreute sie unter anderem weltberühmte Künstlerinnen und Künstler und war auch redaktionell tätig.

Mit diesem interaktiven und inspirierenden Ratgeber möchte sie nun mehr Menschen erreichen und ihnen ein Werkzeug für die Gestaltung ihres weiteren Lebensweges an die Hand geben.

Der Verlag

„ *Wer aufhört besser zu werden, hat aufgehört gut zu sein!*

Basierend auf diesem Motto ist es dem novum Verlag ein Anliegen, neue Manuskripte aufzuspüren, zu veröffentlichen und deren Autoren langfristig zu fördern. Mittlerweile gilt der 1997 gegründete und mehrfach prämierte Verlag als Spezialist für Neuautoren in Deutschland, Österreich und der Schweiz.

Für jedes neue Manuskript wird innerhalb weniger Wochen eine kostenfreie, unverbindliche Lektorats-Prüfung erstellt.

Weitere Informationen zum Verlag und seinen Büchern finden Sie im Internet unter:

www.novumverlag.com